BIANCA LADEIA

Prefácio de **Rodrigo Gianotto** Apresentação de **Glauco Maschio**

MARCA PESSOAL DE IMPACTO

Diretora
Rosely Boschini

Gerente Editorial Sênior
Rosângela de Araujo Pinheiro Barbosa

Editora Júnior
Natália Domene Alcaide

Assistente Editorial
Mariá Moritz Tomazoni

Produção Gráfica
Fábio Esteves

Preparação
Wélida Muniz

Capa
Plinio Ricca

Projeto Gráfico e Diagramação
Marcela Badolatto

Revisão
Thais Rimkus

Impressão
Assahi

CARO LEITOR,
Queremos saber sua opinião sobre nossos livros.
Após a leitura, curta-nos no facebook.com/editoragentebr, siga-nos no Twitter @EditoraGente, no Instagram @editoragente e visite-nos no site www.editoragente.com.br.
Cadastre-se e contribua com sugestões, críticas ou elogios.

Rua Natingui, 379 – Vila Madalena
São Paulo, SP – CEP 05443-000
Telefone: (11) 3670-2500
Site: www.editoragente.com.br
E-mail: gente@editoragente.com.br

DADOS INTERNACIONAIS DE CATALOGAÇÃO NA PUBLICAÇÃO (CIP)
Angélica Ilacqua CRB-8/7057

Ladeia, Bianca

Marca pessoal de impacto : para quem quer mudar o jogo e começar a escolher os seus clientes, negócios e parceiros por meio do poder da sua reputação / Bianca Ladeia.- São Paulo : Editora Gente, 2023.

176 p.

ISBN 978-65-5544-378-3

23-4227 CDD 658.3

Índice para catálogo sistemático:

1. Desenvolvimento profissional

Este livro foi impresso pela gráfica Assahi em papel pólen bold 70g em outubro de 2023.

Este livro é dedicado a todos que acreditam
que a autorresponsabilidade é o primeiro passo
para a transformação.

AGRADECIMENTOS

Cada fase da nossa vida traz pessoas que têm uma importância única para determinadas conquistas. Este livro não existiria se não fosse por toda uma trajetória que começou quando eu tinha 17 anos e entrei na universidade para cursar Moda. Dessa forma, seria justo agradecer a todos que passaram pela minha história nos últimos vinte e dois anos, mas também quero agradecer a todos que passaram pela minha vida desde o dia em que nasci e, de alguma forma, me ajudaram a moldar quem sou. Sintam-se citados e lembrados por mim.

Porém, alguns nomes precisam estar aqui e cada uma dessas pessoas saberá o motivo da minha enorme gratidão: minha mãe Carlucia, meus irmãos Raphael e Pedro e meu pai Geraldo.

À Editora Gente e a toda a sua equipe, que me guiou nesse processo, e em especial à Franciane Batagin, que teve uma sensibilidade acima das minhas expectativas nas orientações e correções deste livro.

Ao Rodrigo Gianotto e ao Glauco Maschio por serem tão generosos comigo no prefácio e na apresentação da obra.

À Melina Barbosa e à Lara Gosuen, que foram meu braço direito e seguraram a onda em vários momentos em que precisei me ausentar por causa do livro.

À Sueli Silva: como eu poderia fazer tudo o que faço se ela não cuidasse tão bem de mim, da minha casa e da minha família?

E a Deus. Sua generosidade comigo é algo que nunca conseguirei expressar.

SUMÁRIO

PREFÁCIO

De Rodrigo Gianotto

Se você está preocupado com a sua imagem e quer melhorar expressivamente o seu posicionamento nos negócios, está com o livro certo em mãos. Para mim, o processo de marca pessoal trouxe mais negócios, dinheiro e audiência. Sei que é um tanto brusco começar assim e fazer uma promessa tão grande, mas foi exatamente isso que aconteceu a partir das mudanças que fiz em minha vida depois que conheci o método da Bianca com o qual você terá contato a partir de agora.

Hoje, tenho um papel muito importante nas empresas com que estou envolvido – sou CEO do Equity+, a escola de negócios do Grupo Primo, e CTO do Grupo. Antes de conhecer Bianca, já acompanhava seu trabalho de longe, pelas redes sociais. O nosso contato direto aconteceu porque, além de conhecer diversos empresários importantes que fazem parte da comunidade de pessoas transformadas por essa autora, fui apresentado por um amigo em comum para que fizesse a Imersão em Imagem, o curso de dois dias de Bianca sobre personal branding.

Fizemos uma reunião e observei tudo sobre ela: estava muito elegante, sentava-se com uma postura adequada, tinha uma comunicação efetiva, olhava nos olhos para trazer conexão e estava superatenta a tudo o que falávamos. Em outras palavras, transmitia excelência, e percebi que ela é a vivência de tudo o que ensina, da realidade que transborda em seu conteúdo. Ela possui uma conexão muito importante com eventos internacionais, então o trabalho que executa pede esse atributo, e ela faz muito bem o seu papel dentro desse ecossistema.

Quando Bianca me contou sua história, notei que o seu repertório é muito bom e está diretamente conectado com a sua missão, que é transformar o Brasil por meio de marcas poderosas e que geram negócios e resultados ao elevar a régua da sociedade. Falamos sobre a sua conexão com a indústria da moda, sobre o início da carreira e a busca incessante por conhecimento, e percebi que o posicionamento que ela tem no mercado hoje é único. Porém, nesse primeiro momento, um dos pontos que mais chamou a minha atenção foi que algumas das pessoas que mais admiro e que são referências em suas áreas passaram por uma transformação muito significativa a partir do momento que fizeram o processo de marca pessoal com Bianca. Quando você está frente a frente com uma pessoa que transformou a vida de quem você admira, tem vontade de passar pelo mesmo processo.

Por estar em uma fase na qual preciso me posicionar mais e estar mais conectado com o papel que exerço nos negócios, tive certeza de que deveria passar pela Imersão para ajustar o que fosse preciso em minha imagem. Sabia que era o momento de me desafiar em termos de marca pessoal. Ser sócio do Thiago Nigro e do Bruno Perini é um desafio muito grande, porque sinto que o Brasil está acompanhando o que faço, então eu precisava assumir a frente dos negócios, colocar a minha marca pessoal no mundo e me conectar com a audiência de modo diferente do que fazia naquela época.

Se você me procurasse, veria que existiam duas versões do Rodrigo: aquela que é músico, artista e compositor; e a que entende de tecnologia. Sendo assim, por estarmos vivendo uma era que dá importância a esse tema como nunca, tive certeza de que precisava ter um novo olhar em relação ao meu posicionamento. E não apenas de maneira rasa, em que falamos sobre a essencialidade de se posicionar e estar com a imagem pessoal adequada para os seus objetivos, mas sobre entender sobre posicionamento, oratória, postura, direcionamento de marca e tudo o que envolve esse ecossistema.

Fui para a Imersão sabendo que todas as pessoas que conhecia e que haviam passado pelo processo saíram dali com uma capacidade de execução e mudança de jogo eminente. A transformação acontecia de maneira muito rápida. E comigo não foi diferente.

Um dos momentos mais marcantes desse processo foi uma dinâmica que a Bianca fez no início do evento, ao perguntar quem mais havia surpreendido os outros em relação à imagem inicial e aos negócios que tocava, e ali todos responderam que tinham se surpreendido comigo. Analisando o que aconteceu, é completamente aceitável que isso tenha acontecido, uma vez que não estava vestido adequadamente para a ocasião, com roupas mais básicas, e acabei ficando mais "escondido" e tímido no início do curso. As pessoas até mesmo pensaram que eu fazia parte da equipe audiovisual que estava cuidando do evento, tamanha a diferença entre a marca pessoal que eu transmitia naquela época e o papel que exerço no Grupo Primo. Aquilo foi muito impactante e intenso! Tive certeza de que estava no lugar certo, com as pessoas certas e aprendendo o que era necessário para poder me posicionar melhor.

Fui muito participativo, fiz perguntas, absorvi todo o conhecimento transmitido e consegui identificar o meu arquétipo atual e o que preciso ter em relação ao que faço. Isso foi disruptivo! Saí de lá com um plano traçado e determinado a investir mais em minha imagem. Fiz uma mudança no meu guarda-roupa e, logo na primeira semana, percebi que as pessoas começaram a me tratar diferente, tanto dentro da empresa quanto nos eventos que frequentava.

De lá para cá, em três meses quintupliquei a minha audiência que, diga-se de passagem, estava estagnada, e continuo seguindo o plano que tracei com Bianca. Estou aprimorando também a minha comunicação e a minha postura, e colocando em prática absolutamente todos os passos que aprendi com o método que você encontrará neste livro. É um conteúdo muito valioso!

Por isso, quando recebi o convite para escrever o prefácio deste livro, fiquei honrado. A Bianca foi uma luz em relação à minha marca pessoal, e tenho certeza de que, ao passar por esse processo e ler cada página, você fará uma mudança brusca em sua vida. Entenderá por completo quem você é, quais são os seus objetivos e como ter uma marca que o leva em direção a eles. E vou além: aqui você aprenderá não só quem é, mas quem quer ser e como precisa ser percebido em seu mercado.

Quando produtos são commodities, ou seja, qualquer pessoa pode lançar um produto semelhante ao seu amanhã de modo rápido e quebrar completamente o seu negócio, ser disruptivo e ter um bom posicionamento de marca pessoal é extremamente necessário. É o que muda o jogo! E sou a prova viva disso.

Por isso, a promessa que fiz no início desse texto é real. Fiz mais negócios e ganhei mais dinheiro, e hoje tenho uma audiência muito engajada e conectada com tudo o que quero construir. O meu processo evolutivo em relação ao personal branding começou com a Bianca, e tenho certeza de que carregarei esse conhecimento comigo pelas próximas décadas.

Por fim, quero fechar reforçando o quanto estou feliz de contar tudo isso a você, caro leitor. Hoje, faz parte da minha missão fazer com que o Brasil conheça mais a Bianca para que as pessoas possam se transformar assim como eu. Este projeto é uma maneira de dar capilaridade a esse objetivo; dar alcance sem barreiras e fronteiras territoriais e regionais para um conteúdo tão rico e poderoso.

Tenho certeza de que a sua vida se transformará a partir de tudo o que você aprenderá aqui, e saiba que você tem a melhor ferramenta em mãos para entender como a marca pessoal é importante para que você esteja no topo. Boa leitura!

APRESENTAÇÃO

De Glauco Maschio

É bem provável que você esteja aqui pelo mesmo motivo que conheci a Bianca. No meu caso, eu já era um bom profissional, já tinha uma empresa de sucesso, mas precisava melhorar a minha imagem. Precisava me destacar, sentar em uma reunião e ser respeitado pelo que falava, precisava fazer com que as pessoas olhassem para mim de modo diferente, que confiassem em mim. Pode parecer simples, mas não é. Se você se identifica com algum desses aspectos, saiba que entendo exatamente como você se sente. Mas antes de falar sobre o meu processo de transformação, quero contar como conheci a Bianca.

A nossa parceria começou quando vi um case da mudança de imagem de um empresário que admiro muito feita por ela. Era visível o impacto e a diferença do antes e depois. Se antes ele tinha um perfil mais introvertido e tímido, depois do trabalho com a Bianca, ele passou a ser mais expansivo e ter uma visão muito mais profissional para o negócio que cuida. Quando vi esse case, soube que era exatamente disso que eu precisava.

Fizemos a primeira reunião e fiquei muito impactado com o profissionalismo dela. Em nosso segundo papo, presencial, além de perceber que é uma excelente profissional, fiquei impactado também com sua sinceridade. Se você nunca teve contato direto com a Bianca é provável que não saiba disso, mas para ela não existem meias-verdades ou omissões. Uma de suas características mais marcantes é a sinceridade! E talvez até possa soar negativo, mas a sinceridade é rara e, para ser sincero, é preciso pagar um alto preço. Hoje, admiro muito as pessoas sinceras.

No meu caso, que estava quase 30 kg acima do peso, essa sinceridade fez diferença na abordagem do método. Já tinha ouvido sobre o meu peso diversas vezes, entretanto nunca havia entendido verdadeiramente como aquilo poderia estar afetando a minha marca pessoal. E a Bianca me ajudou a ver isso.

Ela realizou um trabalho incrível com a minha imagem. Percebi como tudo mudou, e isso fez com que eu tivesse um novo posicionamento profissional. Além disso, por não acreditar que existem generalistas, apenas especialistas, vejo que a Bianca fez com que eu conseguisse ser um especialista em executivos e executivas. Por estar à frente dos negócios, a verdade é que as pessoas se esquecem de cuidar da imagem pessoal. Se esquecem da importância disso para crescer na vida pessoal e profissional. E trabalhar com a Bianca fez com que eu me lembrasse da importância desse processo.

Com o seu método, que é exatamente o que você encontrará aqui neste livro, será possível perceber que a Bianca não faz julgamentos a partir do que você já construiu ou não. Ela olha para o que você possui hoje e o ajuda a ajustar a rota para que tenha mais resultados a partir de seus objetivos. Outro ponto que chamou muito a atenção é a sensibilidade de percepção que ela tem em relação à cabeça dos executivos e do mercado.

Ela é didática, inteligente, consegue conversar sobre qualquer assunto, aconselhar e direcionar muito bem. Ela é a personificação do próprio método: aplica e valida tudo o que ensina a partir da excelência e dos pilares que utiliza em seu trabalho. Se ela chegar em um lugar e estiverem ali 500 pessoas, todas elas notarão a Bianca, pela postura, pelo posicionamento, pela roupa, pela oratória e por absolutamente tudo o que faz. Em outras palavras, ela usa a própria metodologia consigo e faz isso de modo brilhante. Aqui, muito mais do que aprender sobre o visual, você entenderá sobre a importância de todos os pilares que envolvem a imagem para que possa avançar e ter mais resultados. E esse olhar é único! Ela analisa os negócios de modo 360º e tem muito conteúdo para auxiliar em todo o processo de construção de marca pessoal.

Quer um exemplo? Em uma conversa recente, ela me contou sobre uma mentorada que estava com dificuldades de enxergar algumas das transformações que já haviam acontecido no próprio negócio. Com esse olhar único, ela mostrou todas as conquistas da mentorada e o que ainda estava em processo de realização. Essa é a diferença! A Bianca consegue conversar sobre qualquer assunto e trazer contribuições importantíssimas para que você aplique em seus negócios. Justamente por isso, tenho certeza de que, desta leitura, você tirará insights poderosos. Será como se você estivesse em uma conversa sincera e transformadora com alguém que sabe exatamente o que precisa ser feito para que você tenha mais impacto.

Sendo assim, quero que saiba que você segura uma joia em suas mãos. Este livro é essencial, e fiquei muito feliz e honrado ao ser escolhido para fazer a apresentação justamente por saber do poder que a metodologia da Bianca traz para os negócios. Demorei muitos anos para entender a importância da imagem pessoal, e adoraria ter tido a oportunidade que você está tendo agora, ao ler este livro. O que aprendi diz respeito não apenas a quem você é hoje, mas a quem precisa ser para que possa passar uma mensagem adequada de acordo com seus objetivos. Se tivesse lido este livro antes, tenho certeza de que teria batido menos a cabeça, dado menos murro em ponta de faca, não teria errado tanto sobre o meu estilo e teria acelerado mais o meu crescimento pessoal e profissional. Acredite: uma vez que você entende a lógica da marca pessoal, promove o crescimento da sua vida pessoal na mesma proporção que o da sua vida profissional.

Por isso, este livro é um marco para mim! Sei que existem outros projetos no mercado que falam sobre este assunto, mas saiba que nenhum passará a metodologia do mesmo modo que a Bianca. A partir da experiência dela e da validação com centenas de clientes e atendimentos, você mudará a sua realidade. É algo que transcende o teórico. É prático e validado!

Quero que você pare um momento e deixe no passado todas as suas convicções sobre marca pessoal. Infelizmente, o mundo se importa com a imagem, e você tem duas opções: ignorar, discordar e viver para sempre no lugar-comum, ou decidir mudar e se destacar. Quando falo que é necessário abrir a mente, refiro-me a ler as próximas páginas com a mente aberta para tudo o que aprenderá. Imagine só o que teria acontecido se eu tivesse deixado de lado e ignorado os próximos passos quando a Bianca me falou sobre o meu problema com o peso? Nada do que conquistei depois disso seria realidade.

Então pense comigo: você quer ir contra o mundo e pagar um preço muito maior sem atingir os resultados por sonhar com um mundo perfeito? Ou quer olhar para o que está à sua frente, decidir mudar e se adaptar – mesmo que seja a partir do equilíbrio do que é importante para você, sem ser escravo das redes sociais e da imagem? Quer se posicionar e deixar que o seu trabalho seja visto ou quer se esconder e deixar de atingir os resultados que merece?

Com o método que você tem em mãos, pude comprovar, na prática, que é possível mudar e transformar a vida e os negócios. Então abra a sua mente, esqueça as suas convicções, esteja aberto a novas formas de pensar e entenda que muitas pessoas utilizaram o que você aprenderá aqui e mudaram o jogo.

Por fim, quero agradecer a você, Bianca, pela oportunidade de trazer um pouco da transformação que proporcionou em minha vida. Muito mais do que seu cliente, hoje me considero um amigo, e é uma honra poder escrever este texto. Você é uma pessoa de excelência, é competente, sincera, amorosa e reconhecida. Tenho muito orgulho de falar que aprendi muito ao seu lado. Obrigado pela oportunidade, e sei que esse projeto mudará a vida das pessoas na mesma medida em que você mudou a minha.

E para você, caro leitor, meu desejo é que se sinta verdadeiramente presenteado com algo tão único e transformador. Cada página que esta aqui é valiosa! Aproveite o caminho, viva a jornada, mude o que for necessário e saiba que essa leitura levará você ao próximo nível.

INTRODUÇÃO

O INÍCIO DE UM IMPÉRIO

Se você resolveu ler este livro, provavelmente sabe que é bom no que faz, mas não está recebendo o reconhecimento adequado por seu trabalho. É possível também que sinta que merece ser visto como referência em sua área, mas não sabe por onde começar nem o que precisa ser feito para alcançar os resultados que deseja. Entre um motivo e outro, não se preocupe: você está no lugar certo.

Sempre tive um olhar diferente para o mundo. Com um senso estético e uma percepção de valor agregado muito apurados, comecei a entender a importância de um bom posicionamento quando ainda era bem nova. Eu gostava de escolher as minhas roupas, de tentar combinações diferentes, e já entendia que a minha apresentação, a minha postura, a maneira como eu falava e me portava eram elementos diretamente relacionados aos meus resultados e à influência que tinha nos ambientes pelos quais passava. Já sabia que marca pessoal e posicionamento adequado eram essenciais para alcançar objetivos.

Aos dezoito anos, cursei Moda em uma universidade federal; alguns anos depois, entrei na faculdade de Administração. Passei um período na Inglaterra e na Itália, estudando as técnicas mais inovadoras de gestão de imagem, e tomei um choque quando voltei ao Brasil: o assunto ainda era muito incipiente por aqui.

O posicionamento de uma marca a partir de uma imagem pessoal impactante era um tema que ainda ganhava força no mercado. Isso me ajudou a construir a metodologia que apresento neste livro e a estudar muito sobre o tema para que pudéssemos estar aqui.

Mas o que é, afinal, marca pessoal (ou *personal branding*, como alguns gostam de chamar)? Olhando por um ângulo, temos na definição a expressão de mercado que você tem perante os seus clientes, colaboradores e todos com quem tem contato. Essa expressão está relacionada à imagem que você passa para o mundo, isto é, como comunica missão, visão, valores e posicionamento.

Por outro lado, quando se fala de fatores internos, marca pessoal é o elemento fundamental para que você possa se tornar referência em sua área e consiga atingir seus objetivos pessoais e profissionais. Poderoso, não é?

Alguns ainda podem acreditar que a imagem não é importante, uma vez que o essencial é invisível aos olhos,[1] mas não há como negar: somos seres visuais, e nosso *core* está diretamente relacionado à nossa visão.

Um estudo feito por pesquisadores do Brigham and Women's Hospital, um centro de estudos sobre psicologia e neurologia nos Estados Unidos, mostrou que a visão representa 80% de tudo o que

1. SAINT-EXUPÉRY, A. **O pequeno príncipe**. Rio de Janeiro: Agir, 2009. p. 83.

os cinco sentidos – visão, olfato, audição, paladar e tato – captam juntos. É inegável, portanto, que a visão é parte fundamental do processo de retenção de memória. Ainda sobre o tema, Eric Kandel, neurocientista austríaco, mostrou que a retenção de informações pelo nosso cérebro tem relação direta com o fato de percebermos valor nelas.[2] E é aqui que entram os nossos valores.

Somos o que somos e precisamos comunicar o nosso melhor ao mundo. Acredite quando digo que beleza não é sinônimo de sucesso e que ninguém inventa características para nós. Nem positivas, nem negativas. As pessoas simplesmente absorvem o que transmitimos. Precisamos, portanto, transbordar excelência para sermos vistos como referência. Mas a imagem, em sua essência, é apenas o primeiro passo de uma jornada muito maior.

Ao longo de minha carreira, e utilizando a experiência que adquiri, percebi que não adianta cuidar apenas da imagem sem olhar para outros pontos que são imprescindíveis para a construção de uma marca pessoal de impacto. E quais são eles?

Em primeiro lugar: se compre! O aspecto visual, elemento fundamental para gerar atratividade, conexão e interesse, traz um convite para a construção de uma imagem mais atrativa. Vestir-se bem vai além da questão estética, de moda e de tendência. É estratégia. Além disso, embora o aspecto visual seja o seu cartão de visitas para o mundo, ele precisa estar conectado com os outros pontos fundamentais: comportamento, postura e oratória.

---

2. BARROS, D. M. Descobertas mostram como o ser humano é capaz de reter imagens no cérebro. **Veja**, 31 mar. 2023. Disponível em: https://veja.abril.com.br/ciencia/descobertas-mostram-como-o-ser-humano-e-capaz-de-reter-imagens-no-cerebro/. Acesso em: 26 abr. 2023.

Sendo assim, nas primeiras etapas do método, caminharemos em direção à autoestima e à elevação da imagem que você tem ao se olhar no espelho. Não falaremos apenas sobre amor-próprio, mas também sobre a percepção externa de sua imagem ao se mostrar adequadamente para o mercado. Muito além de ser bom, você precisa mostrar ao mundo que é bom.

Precisamos transbordar excelência para que sejamos vistos como referência.

Ao avançarmos para os próximos passos, time e ambiente físico, chegaremos a um ponto fundamental: o seu time também precisa comprar você. A sua equipe é a extensão da sua marca pessoal, e nessa etapa você aprenderá a importância de cuidar do ambiente físico, da sua voz de mercado e da cultura da sua empresa, pois, quando você não estiver ao lado do cliente, seus colaboradores estarão, e eles precisam comunicar a mesma excelência que a sua experiência entrega.

Por último, temos o próximo ponto: o mercado começa a comprar você. Aqui falaremos sobre comunicação on-line e off-line, isto é, faremos uma análise sobre a vida digital, o que você precisa mostrar ao mundo e como fazer isso, para depois olhar para a construção de autoridade no universo desconectado. Você se inteirará de questões como networking, conexão e construção de comunidades.

Esses são os pilares fundamentais que constroem uma marca pessoal de impacto e estão intrinsecamente ligados ao posicionamento de sua empresa.

Gosto de falar para os meus alunos e mentorados que posicionamento não é o fim, mas sim o meio para atingirmos nossos objetivos. Ele está conectado à nossa voz de mercado, à reputação e à influência que temos no ecossistema em que estamos inseridos. Posicionamento é o facilitador para que possamos atingir metas em nossa vida e carreira.

Meu convite, portanto, é para que você adquira consciência e se esqueça das barreiras. Não existem talentos que não sejam treináveis. Atratividade, postura, visual e comunicação são treináveis. Excelência é treinável. E nós trilharemos juntos a jornada para aprender a usar essas ferramentas.

Aqui você verá como cuidar dos detalhes e colocar intenção em tudo que faz, o que o ajudará a gerar novas oportunidades. Quero que você consiga deixar tangível para o mundo o valor que tem. Suas habilidades nunca mais precisarão ser verbalizadas. Elas serão, a partir de agora, percebidas por todos à sua volta.

Mas não se engane: não existem fórmulas mágicas nem receitas prontas. Tudo será construído com muito trabalho, dedicação e disciplina.

Comece a contar a melhor versão de si e construa seu império a partir de uma marca pessoal poderosa. Vejo você nas próximas páginas!

CAPÍTULO 1

A SUA IMAGEM IMPORTA

Sei que nossa jornada ainda está começando, mas chegou o momento de termos uma conversa difícil. Por mais que todos que me procuram queiram – e busquem – uma mudança positiva, a partir de agora teremos um trabalho difícil e demorado pela frente.

No processo de construção de marca pessoal, será preciso discernimento e inteligência, principalmente porque vamos falar sobre pontos doloridos, que nem sempre serão fáceis de encarar, mas que serão essenciais para ajudá-lo a alcançar os seus objetivos.

Nas próximas páginas – em especial neste primeiro capítulo – falaremos dos motivos pelos quais você está aqui comigo, e eu mostrarei que sei exatamente como é difícil estar nessa posição, porque também já estive lá e trabalhei com inúmeros alunos e clientes que passaram pelas mesmas situações pelas quais você está passando agora.

De acordo com Jean Baur, especialista em carreira e autora do livro *The Essential Job Interview Handbook*,[3] leva aproximadamente três segundos para que uma pessoa olhe, tire suas conclusões e decida se gosta ou não de você.[4] Outro estudo, feito por Janine Willis e

3. BAUR, J. **The Essential Job Interview Handbook**. Newburyport: Weiser, 2013.

4. GIANG, V. It Takes Just 3 Seconds to Make a Brilliant First Impression. **Insider**, 3 jan. 2014. Disponível em: https://www.businessinsider.com/how-to-make-a-great-first-impression-2014-1. Acesso em: 23 maio 2023.

Alexander Todorov, psicólogos de Princeton, revelou que basta, na realidade, um décimo de segundo para que possamos formar nossas primeiras impressões sobre alguém.[5]

Willis e Todorov levaram a análise de primeiras impressões a outro patamar. Em seu estudo, a proposta era avaliar o julgamento de um grupo de pessoas partindo de cinco elementos comuns à nossa sociedade: confiabilidade, competência, atratividade, simpatia e agressividade.

Na experiência,[6] os participantes tiveram que observar, apenas uma vez, 66 rostos desconhecidos em intervalos e distâncias determinados, e responder a perguntas como: "Você sente que essa pessoa é competente?" ou "Você vê nessa pessoa alguém em quem poderia confiar?". O objetivo da pesquisa era tentar definir quanto demoramos para criar opiniões sobre as outras pessoas a partir da aparência externa. Os resultados foram surpreendentes!

Após a análise, os pesquisadores perceberam que as respostas entre todos os grupos – independentemente do tempo de exposição às fotos – foi parecido; ou seja, o grupo que teve apenas alguns milissegundos para fazer essa avaliação apresentou respostas muito parecidas com as do grupo que não teve limite de tempo. A grande conclusão disso tudo é que estamos todos suscetíveis a análises imediatas e julgamento pelos ambientes que transitamos.

---

5. LEBOWITZ, S.; AKHTAR, A.; HRONCICH, C. 12 things people decide within seconds of meeting you. **Insider**, 10 fev. 2020. Disponível em: https://www.businessinsider.com/things-people-decide-about-you-in-seconds-2016-11#people-judge-how-much-they-should-trust-another-person-after-only-just-meeting-them-1. Acesso em: 23 maio 2023.

6. WILLIS, J.; TODOROV, A. First impressions: Making up your mind after a 100-ms exposure to a face. **Psychological Science**, v. 17, n. 7, p. 592–598, 2006. Disponível em: https://journals.sagepub.com/doi/abs/10.1111/j.1467-9280.2006.01750.x?ssource=mfc&rss=1. Acesso em: 9 ago. 2023.

Além de ser um dado revelador, remete ao que vimos no capítulo anterior, sobre o aspecto visual ser um dos que mais impacta nossos sentidos. Segundo artigo publicado pelo portal *Society* e análise de uma pesquisa realizada pelo Instituto de Gestão de Tecnologia dos Estados Unidos, o aspecto visual corresponde a 25% do impacto que geramos nas outras pessoas; o tom de voz, a 18%; a oratória ,14%; e a linguagem corporal, a 10%.[7] Na minha visão, é possível ainda que o aspecto visual contribua ainda mais para a primeira impressão que causamos.

Diante desses fatos, sugiro uma reflexão: você tem se apresentando adequadamente nas esferas pessoal e profissional? Tem cuidado da sua imagem para que ela transmita para o mundo a competência que existe em você? Eu sei que você é bom. Você sabe que é bom. Mas será que a sua audiência sabe disso também? E os seus clientes?

Com certeza você tem as habilidades necessárias para alavancar o seu negócio, fechar um acordo que gerará mais resultados, aumentar o percentual de vendas ou ser promovido na empresa em que trabalha. Existe um caminho a ser trilhado entre os resultados que você gera hoje e os que você deseja. Ele demanda preparo, disponibilidade, construção e disciplina. E por todos esses pilares passa a construção de uma imagem pessoal adequada.

PARA CADA META, UM CAMINHO

Um estudo feito por pesquisadores da Universidade Yale mostra que a imagem pessoal pode não apenas influenciar uma negociação,

7. SOCIETY. A importância de construir uma boa imagem pessoal e profissional. Disponível em: https://gruposociety.com.br/a-importancia-de-construir-uma-boa-imagem-pessoal-e-profissional/. Acesso em: 23 maio 2023.

como também triplicar o seu resultado.[8] Ou seja, vestir-se bem, falar bem e portar-se adequadamente são fatores primordiais para quem quer se posicionar hoje em um mercado tão competitivo.

Conto aqui a história de um aluno que representa muito bem essa construção de marca pessoal para melhorar as negociações. Ele chegou à mentoria com a queixa de que havia montado e estruturado uma empresa que faturava milhões, investiu em tecnologia, fez o negócio crescer e estava pronto para o *exit*, processo no qual começam as negociações de venda da empresa.

Entre conversas e ofertas, ao se sentar para discutir os termos do acordo, ele se sentia desvalorizado, como se, lá do outro lado da mesa, estivessem depreciando o seu negócio, mesmo depois de apresentar os resultados e ter dedicado tanto tempo e trabalho para chegar aonde chegou. Ele sentia que, nessas negociações, não tinha credibilidade. Quando percebeu que a sua imagem pessoal (ou a falta dela) estava influenciando a venda da companhia, deu um passo para trás e passou um tempo fazendo consultoria comigo.

Fizemos diversos ajustes em sua marca pessoal, e a negociação final de venda da empresa gerou um resultado 4% acima dos valores anteriores. É possível que, ao olhar para esse número, você pense: *Ah, Bianca, 4% não é um valor tão alto*. É aí que você se engana. Vamos imaginar o resultado dentro do total: se a venda da empresa estava em uma negociação de 50 milhões de reais, após os 4% de aumento ele teve como resultado 2 milhões de reais a mais em relação ao valor inicial. É muito dinheiro! E tudo isso só

---

8. SMITH, R. Why dressing for success leads to success. **The Wall Street Journal**, 21 fev. 2016. Disponível em: https://www.wsj.com/articles/why-dressing-for-success-leads-to-success-1456110340. Acesso em: 24 maio 2023.

aconteceu por causa da construção de uma marca pessoal poderosa e adequada com os objetivos que ele tinha na época.

É possível, contudo, que o seu objetivo seja outro neste momento, que você esteja tentando aumentar as vendas da sua empresa ou procurando uma promoção, por exemplo. Toda a metodologia está estruturada para fazer com que você atinja metas diferentes de acordo com o momento que vive hoje.

Vanessa, uma aluna e mentorada que passou pelo processo comigo, chegou com uma queixa muito específica. Estava na mesma empresa há cinco anos e tentando uma promoção há mais de dois, sem sucesso. Tivera diversas conversas com o seu líder, apresentado resultados extraordinários, entretanto sempre que existia um espaço para novas posições, outras pessoas o preenchiam, e ela era deixada para depois.

O trabalho com ela foi um pouco diferente, pois precisamos adequar, principalmente, imagem, postura, comportamento e oratória, uma vez que ela se sentia travada todas as vezes em que precisava fazer uma apresentação ou se sentar em uma mesa de negociação para representar a empresa.

Acredite quando digo que, ao estar em uma reunião, você precisa ter a postura e representar a empresa, mostrar que está alinhado com missão, visão e valores para conseguir resultados melhores e até mesmo liderar uma equipe. Vanessa, nesse caso, sabia do seu potencial, mas entendia também que existia uma lacuna que precisava ser trabalhada.

Depois de 43 dias do trabalho que fizemos juntas, com muita dedicação e comprometimento, ela foi promovida. Na ocasião, sentou-se com o seu líder e recebeu um feedback muito positivo das mudanças feitas, ouvindo, inclusive, que a construção de marca pessoal foi o diferencial para esse novo passo. Em muitos momentos, perdemos oportunidades únicas por não nos posicionarmos adequadamente. Essa é a realidade.

Essas e tantas outras histórias estão aqui para exemplificar que a jornada que vamos trilhar será muito poderosa e tem uma conexão direta com o objetivo que você tem hoje. Sei que cada um chega aqui com uma meta diferente, entretanto a dor é a mesma: não conseguir mostrar para o mercado o quanto você é extraordinário. Seu desejo, com certeza é dar a volta por cima e se apresentar como referência em sua área. Você só não sabe ainda por onde começar.

Muitas pessoas, nesse momento, confundem a imagem pessoal com uma boa apresentação nas redes sociais. Acredite quando digo que as mídias sociais funcionarão apenas como meio para exibirmos no on-line o que já somos no off-line. Um erro clássico é tentar construir um personagem nessas plataformas, pois essa criação, em determinado momento, deixa de se sustentar. E isso acontece porque não é possível mantermos uma máscara 100% do tempo quando o assunto é exposição ao público.

Temos um ótimo exemplo para ilustrar essa questão das redes sociais, basta olhar os *reality shows* atuais. Apesar de não os acompanhar, vejo matérias e artigos falando sobre as mudanças de "personagem" dos participantes dentro desses ambientes. Alguns começam colocando uma máscara, e não demora para deixarem de sustentá-la, e o público percebe a farsa. Outros, que começam mais autênticos, transparecem verdade e tendem a ir até o fim.

As redes sociais funcionam da mesma maneira. Por isso, devemos transmitir no on-line o que já somos no off-line. Caso em

Em muitos momentos, perdemos oportunidades únicas por não nos posicionarmos adequadamente.

@biancaladeia

seu nicho seja necessário ter comportamentos diferentes daqueles que você adota no cotidiano, chegou o momento de adequar esses comportamentos ou ajustar a exposição deles em sua plataforma.

No Brasil, segundo uma pesquisa feita pela RD Station em 2022, há atualmente 71,5 milhões de usuários ativos nas redes sociais – o que representa mais de 79% da população brasileira – que passam até 3 horas e 49 minutos por dia do tempo de tela à procura de conteúdos relevantes.[9] Embora sejam dados estratosféricos, já sabemos que apenas estar ali e criar um personagem não basta. Além de demonstrar diminuição do estresse,[10] ser autêntico nas redes sociais engajará mais a sua comunidade e fará você se sentir mais feliz.[11]

Sendo assim, o que precisamos fazer hoje é usar a nossa amplitude para mostrar on-line o que somos de verdade. Sem máscaras, sem forçar a barra. Essa ferramenta é um dos principais meios para que você ganhe credibilidade e mostre ao mercado que você é referência.

Mas o que significa, afinal, ser referência?

CHEGOU A HORA DE ELEVAR A RÉGUA

Todos querem se destacar, mas nem todos conseguem sair de patamares medianos. Dependendo dos objetivos, nem sempre estar na

---

9. RODRIGUES, J. Pesquisa indica recursos mais relevantes de mídias sociais + 95 estatísticas de redes em 2022. **Resultados Digitais**, 23 ago. 2022. Disponível em: https://resultadosdigitais.com.br/marketing/estatisticas-redes-sociais/. Acesso em: 24 maio de 2023.

10. LEONARDI, A. Não ser autêntico nas redes sociais pode causar stress. **Exame**, 24 ago. 2016. Disponível em: https://exame.com/tecnologia/nao-ser-autentico-nas-redes sociais-pode-causar-stress/. Acesso em: 24 maio 2023.

11. PESSOAS 'mais autênticas' nas redes sociais tendem a ser mais satisfeitas com a própria vida, diz estudo. **G1**, 9 out. 2020. Disponível em: https://g1.globo.com/bemestar/viva-voce/noticia/2020/10/09/pessoas-mais-autenticas-nas-redes-sociais-tendem-a-ser mais-satisfeitas-com-a-propria-vida-diz-estudo.ghtml. Acesso em: 24 maio de 2023.

média é ruim, mas, se você quer, assim como eu quis um dia, estar acima da média, é preciso trabalhar para que isso aconteça.

Para se destacar e se transformar em referência, é necessário sair da sua zona de conforto e seguir para um novo patamar. Virar referência é utilizar o trabalho que estamos começando agora para elevar você um nível acima, com novos resultados e novos desafios. Aqui, muito além de construir um bom currículo, você encontrará um trabalho que envolve experiência, comportamento adequado, atratividade, visão de mercado e evolução constante. Não é apenas ter um posicionamento; afinal, como já vimos anteriormente, vamos usar o posicionamento para atingir objetivos.

Nem todos sabem ou percebem, mas o mercado é um ambiente fluído e inconstante. Isso significa que quem está na média olhará sempre para quem está se destacando. À medida que você se movimenta, as pessoas olharão para os seus comportamentos e também desejarão mudar para alcançar esse novo patamar.

Será que, então, ao alcançar um novo nível, você pode se acomodar e ficar ali para sempre? Com certeza não. Pois ser referência e estar no topo exige evolução constante, mudando o que é necessário para manter essa posição de destaque. Se a evolução parar, a média o alcançará novamente.

Ao entender isso, você já tem um grande trunfo nas mãos, e assim estará preparado para os passos que veremos a partir de agora. Não se preocupe, pois estarei ao seu lado e o ajudarei nesse processo.

Para fecharmos o primeiro capítulo, quero propor um exercício. O que você responder aqui será muito importante para avançarmos em nossa jornada. Dito isso, vamos ao que interessa!

EXERCÍCIO

1. Nas linhas a seguir, escreva o principal motivo que trouxe você até aqui. Não é hora de falarmos de metas. O que quero saber é: qual é sua queixa? Você sente que não é levado tão a sério como gostaria? Que poderia ser maior do que é? Sabe que é o melhor no seu nicho, mas não consegue se posicionar como referência? Suas negociações não são boas? Você não está conseguindo vender tanto em sua empresa? O seu faturamento está estagnado há anos? Não poupe palavras e descreva o que está sentindo e o que gostaria de mudar em sua vida.

____

____

____

____

____

____

2. Chegou a hora de transformar a sua dor em meta. Olhe para o que respondeu no exercício anterior e indique uma meta mensurável que possa ser trabalhada ao longo dos capítulos. É imprescindível que essa meta tenha prazo e resultado específicos. E lembre-se: o objetivo não pode ser irreal. Pense no que é realizável dentro do espaço de tempo que você tem em mente. Se não fizer isso, a chance de se frustrar é muito grande.

Exemplos:

a) Minha meta é triplicar o faturamento da minha empresa no período de um ano.

b) Quero ser promovido e receber um salário 30% maior em até um ano.

c) Tenho uma dívida de 2 milhões de reais e quero quitar esse valor no prazo de três anos.

____

____

____

____

____

____

Vamos trabalhar os próximos capítulos a partir da resposta dada; possivelmente, você terá que voltar aqui algumas vezes. Esse será o seu objetivo ao trabalhar a sua imagem pessoal. É com ele que você se guiará ao olhar a metodologia.

Acredito em um mundo em que precisamos puxar a régua das pessoas e dos resultados sempre para cima. Acredito em um ambiente em que podemos ser reais nas redes sociais e ter resultados que refletem os nossos esforços. Isso é possível. E você já está mais perto do que imagina.

No próximo capítulo, falaremos sobre como a valorização da marca pessoal aumentou nos últimos anos, e existem dois fatores principais para que isso tenha acontecido. Vejo você lá!

CAPÍTULO 2

NÃO É SER PERFEITO, É SER DE VERDADE

Em um cenário no qual a tecnologia molda todas as esferas da vida, não é surpresa que as redes sociais tenham se tornado uma ferramenta essencial no mundo dos negócios e no mercado de trabalho. Essa solução trouxe uma nova maneira de conectar profissionais e empresas, revolucionando o modo como as pessoas buscam oportunidades de emprego, constroem redes de contato, se mostram ao mundo e interagem no ambiente corporativo. Ao pensarmos sobre marca pessoal, a lógica é a mesma.

É impossível separar a presença on-line dos objetivos que construímos no último capítulo e que usaremos ao longo de nossa jornada para que você consiga ter mais resultados. É impossível, também, separar imagem e conteúdo e deixar de lado esse momento de disrupção da cultura do consumo. Pensemos, então, em como tudo isso começou e as mídias sociais se tornaram tão essenciais em nossa vida.

DISRUPÇÃO E TRANSFORMAÇÃO

Com o objetivo de conectar pessoas e melhorar as interações, vimos o começo das redes sociais como uma solução gerada pela internet para que pudéssemos estar mais próximos. Fotolog e Orkut foram precursores que abriram portas para um mundo diferente. Já o LinkedIn, fundado por Reid Hoffman e Eric Ly, em 2002, representou a primeira grande rede social profissional.[12] As possibilidades de conexão no mundo dos negócios deram um salto significativo com essa inovação, e a plataforma rapidamente se tornou um ponto de referência para empresas e recrutadores em busca de talentos.

Em 2004, o jovem estudante universitário Mark Zuckerberg mudaria o jogo novamente. Concebido em um dormitório de Harvard, o Facebook foi criado e cresceu rapidamente, tornando-se uma das redes sociais mais influentes e poderosas do mundo. Ali vimos a possibilidade de compartilhar informações, eventos e momentos de nossa vida, permitindo que reencontrássemos amigos e familiares distantes.

A plataforma também se tornou um espaço para expressão pessoal, ativismo, criação de comunidades e compartilhamento de notícias. Foi uma disrupção. O que começou apenas como uma rede social universitária evoluiu para uma plataforma global que transformou a maneira como nos relacionávamos virtualmente. E as mudanças não pararam por aí.

Em 2010, com a entrada do Instagram no mercado, tudo se transformou novamente. Os seus criadores, Kevin Systrom e Mike Krieger, lançaram uma combinação única – rede social e aplicativo de edição de fotos – e conquistaram o coração de milhões

12. LINKEDIN. **CanalTech**. Disponível em: https://canaltech.com.br/empresa/linkedin/. Acesso em: 28 maio 2023.

de usuários no mundo todo.[13] O foco era a simplicidade e a estética, dedicando-se a uma interface intuitiva. Depois disso, muitas outras funcionalidades foram introduzidas, como stories, IGTV, reels e até mesmo a possibilidade de fazer compras diretamente pela plataforma.

O Instagram foi fundamental para o desenvolvimento de marcas pessoais de impacto, e ouso dizer que hoje é a plataforma mais utilizada e com maior peso no mundo dos negócios. Um momento de disrupção que se desdobra, se reinventa e cria novas soluções constantemente.

Embora todas essas plataformas tenham sido importantes no recrutamento de empresas, há um amplo leque de profissionais se beneficiando por poder apresentar suas habilidades e experiências de modo mais dinâmico e abrangente. Hoje, as redes sociais são elemento-chave no processo de criação e gestão de uma marca pessoal poderosa. Para exemplificar melhor o que estou falando, vou contar uma história.

OS DOIS LADOS DA MOEDA

Em uma rua movimentada da cidade de São Paulo, existem duas lojas de roupas. Apesar de muito semelhantes, elas apresentam resultados de vendas completamente diferentes. A primeira, sempre preocupada em ter produtos de qualidade, acaba

13. VILICIC, F. Conheça a história do brasileiro que criou o Instagram. **Exame**, 7 out. 2015. Disponível em: https://exame.com/tecnologia/conheca-a-historia-do-brasileiro-que-criou-o-instagram/. Acesso em: 27 maio 2023.

negligenciando a experiência do cliente. Já a segunda investe incessantemente em sua marca e em todas as pontas do processo de vendas.

Em um primeiro momento, era possível vê-las como parecidas, mas a Loja 2 com certeza ganha nos detalhes. Ela entende que vender produtos de qualidade não é o único fator que determina o sucesso. É preciso investir em uma apresentação atraente, uma experiência agradável, vitrines bem planejadas, layout diferenciado, iluminação adequada e em uma atmosfera convidativa.

Ela cuida, ainda, de sua presença digital, mantendo uma estratégia de mídia social eficaz, com fotos de qualidade, descrições detalhadas e interações frequentes com os clientes. E aqui temos o grande diferencial: enquanto a Loja 1 cuida apenas da qualidade dos produtos que vende, a Loja 2 tem um olhar holístico para tudo o que é apresentado, maximizando, assim, os seus resultados e se destacando no mercado.

Essa comparação nos mostra como a solução que tanto buscamos, como uma roupa perfeita para uma ocasião ou um produto que vai salvar o nosso dia a dia, até pode estar na esquina da nossa casa, entretanto, sem exposição, nós nunca a acharemos. Essa é a conexão das redes sociais com a apresentação de uma marca pessoal de impacto. Precisamos estar expostos. Precisamos mostrar o nosso trabalho, ressaltando que somos bons profissionais e que geramos impacto positivo no mundo. Esconder-se jamais será a solução para quem está buscando resultados melhores.

Sei que pode parecer difícil, mas quero que olhe para os motivos pelos quais é possível que você esteja estagnado hoje ao não utilizar as redes sociais como propulsoras da sua carreira.

1. **Você não sabe por onde começar:** esse é o fator mais comum que vejo em meus alunos hoje. É possível que você saiba que é bom, mas não saiba por onde começar a apresentar a sua marca pessoal para o mercado. Esse bloqueio inicial faz com que a maioria das pessoas deixe que o medo domine e dite as regras.

2. **Você sabe o que precisa ser feito, mas se sente inseguro:** a insegurança é um dos grandes males da humanidade nos tempos atuais. Quando aliada à falta de coragem, temos um combo perfeito para a estagnação.

3. **Você está com medo do cancelamento e do julgamento:** enquanto o medo do julgamento diz respeito ao fato de você sentir que não será bom o suficiente, o medo do cancelamento fala sobre as retaliações feitas a quem está se expondo. Esse sujeito, no caso, será boicotado ou banido.

Essas são algumas das preocupações que mais vejo em minhas mentorias com alunos espalhados pelo Brasil. Fazendo uma análise vaga, diria que 40% das pessoas não sabem por onde começar, 25% deixam a insegurança falar mais alto, e 35% têm medo de julgamentos e cancelamento nas redes sociais. Para todas essas questões, a solução é sempre a mesma: estratégia e planejamento adequados. Veremos esses assuntos com mais profundidade no capítulo 11, que falará sobre presença on-line, mas o ponto que gostaria de trazer agora é que podemos sempre olhar para as questões da vida a partir de muitas perspectivas. Basta escolher a certa.

Enquanto a Loja 1 perde oportunidades, a Loja 2 deixa o "medo" de lado e se destaca em seu mercado. Estar exposto nas redes sociais segue a mesma analogia de olharmos para uma moeda a partir de ângulos diferentes. O fator em comum é a exposição. Você pode se beneficiar muito ou pouco. Depende do ângulo pelo qual olhará e da estratégia que utilizará.

NEM PERFEITOS DEMAIS, NEM IMPERFEITOS DE MENOS

Chegamos a outro assunto sobre o qual precisamos conversar: não somos perfeitos. Essa busca pela perfeição é um dos principais erros que vejo nas redes sociais. Filtros e máscaras sendo criados todos os dias em um contexto em que não é possível saber o que é verdade. Sabemos, entretanto, que não existe imagem nem vida perfeita. Essa busca eterna pela perfeição, principalmente quando analisada pelo viés da construção de um branding pessoal de impacto, é irreal e impossível.

Muitas pessoas optam por criar esse personagem on-line para expressar uma versão idealizada de si mesma ou simplesmente para explorar diferentes aspectos de sua personalidade. Um

Quem define para o mercado o valor da sua marca é você.

dos principais problemas da estratégia é perder a conexão com a realidade e com quem está do outro lado consumindo o seu conteúdo. Ao fazer isso, há uma desconexão com a própria autenticidade, que afasta a pessoa do que é verdadeiro – e tudo por causa da busca eterna por validação e perfeição no mundo digital.

Além de não ser saudável, é insustentável no longo prazo, porque requer um esforço enorme para não deixar lacunas e buracos no que é apresentado. Muito provavelmente, a sua audiência deixará de se conectar com você se não existir ali um relacionamento genuíno. Estar nas redes sociais e mostrar-se com autenticidade é também ser consistente e coerente com seus valores.

Em vez de representar um personagem, encare as redes sociais como uma possibilidade de amplificar o que verdadeiramente somos. Isso, sim, gerará conexão com quem está conosco em nossas plataformas. Devemos potencializar nossas habilidades e suavizar nossos pontos negativos. Cuidar disso é primordial e é o fator determinante para que você tenha mais engajamento e autoridade.

Veja que estou falando especificamente sobre engajamento e autoridade, que são complementares quando precisamos ter uma marca de impacto. Embora possam parecer semelhantes, têm significados distintos e desempenham papéis diferentes no contexto das redes sociais. Vamos ver um pouco mais sobre cada um deles.

Engajamento é a interação e o envolvimento das pessoas com o conteúdo postado. Ele pode ser medido por métricas como curtidas, comentários, compartilhamentos e visualizações. Sua análise costuma mostrar, por exemplo, se o conteúdo se conecta bem com a audiência e se desperta ou não interesse. É um indicador de conexão emocional, relevância e impacto.

Autoridade é outro ponto importantíssimo na construção de uma marca pessoal bem-sucedida; diz respeito à credibilidade e à influência de um perfil. É construída ao longo do tempo, à medida que um indivíduo ou uma marca se posiciona como especialista em determinado assunto ou área. Aqui é necessário um conteúdo relevante, real, consistente e de qualidade, que agrega valor aos seguidores e ganha a confiança deles. A autoridade é reconhecida por discernimento, experiência e reputação, não por máscaras ou polêmicas.

Infelizmente, hoje as redes sociais dão palco para os bons e para os ruins. Todos têm espaço. Entretanto, presença digital tem a ver com se conectar, disponibilizar conteúdo que faça diferença e que seja relevante ao mostrar que você entende as dores e os anseios de quem está ao seu lado. E isso vai muito além de apenas vender o seu produto ou o seu serviço.

Em muitos momentos, gosto de falar para os meus alunos que somos perfeitos justamente por nossas imperfeições. Rede social não é divã, e não podemos confundir o público. A proposta, então, é mostrar por que você é único, por que o mercado deve escolher você, sempre de modo autêntico e verdadeiro. E assim as pessoas vão se conectar com a sua verdade. Essa é a receita para estar nas redes sociais e construir uma marca de impacto.

IMAGEM + CONTEÚDO: O VALOR DA MARCA PESSOAL

É bem provável que você já tenha ouvido alguém falar que é importante ter conteúdo relevante – e só. Meu papel aqui é desmistificar essa teoria. A imagem, no que tange à apresentação de uma marca pessoal de impacto, é tão importante quanto o conteúdo que é apresentado.

Meses atrás, estava reunida com um mentorado e havíamos acabado de iniciar o trabalho de adequação de imagem nas redes sociais. Além de outras inseguranças, o que ele trouxe em nosso diagnóstico foi que estava se sentindo muito frustrado porque tinha uma audiência considerável, mas não conseguia alavancar seu perfil. Postava sempre, com consistência e qualidade.

O seu conteúdo era relevante, mas ele olhava para outros perfis que colocavam imagens engraçadas e memes e via muito mais engajamento e abrangência.

As suas redes sociais são uma vitrine do trabalho que você faz.

Conversando mais um pouco, ele me disse que ficava desanimado porque, quando fazia uma live, apareciam poucas pessoas, sete ou oito seguidores que realmente assistiam ao que era apresentado do começo ao fim. Pensando nisso, gostaria de trazer uma reflexão: quando foi a última vez que um grupo de sete pessoas bateu na sua porta e pediu que você contasse sobre o seu trabalho? Vou além: quando foi que esse mesmo número de pessoas passou uma hora ouvindo tudo o que você tinha para falar? Pois é.

Uma, duas, três, dez, doze ou vinte pessoas pode parecer pouco quando comparado com influenciadores já estabelecidos no mercado que atraem milhares de espectadores em lives, mas a questão aqui é, novamente, por qual perspectiva você olha para o que acontece em sua vida. Ter audiência, mesmo que pequena, é legítimo e importante. São pessoas que estão interessadas no seu trabalho e querem saber o que você tem a oferecer. Jamais subestime isso.

A construção de audiência é um processo que se dá aos poucos. Não podemos nos comparar com outros para avaliar os nossos resultados. Precisamos olhar para a nossa jornada como algo único e personalizado que está acontecendo com cada um de acordo com o trabalho e o esforço investidos.

Quando você entra no mercado, torna-se uma marca pessoal. E quem define para o mercado o valor da sua marca é você; ou seja, você é o responsável por transmitir se é uma marca pessoal barata ou uma de valor agregado. Em muitos momentos, conteúdos engraçados vão gerar mais engajamento. A relevância, contudo, só chegará para aqueles que postam conteúdos de qualidade e apresentam um posicionamento adequado ao nicho em que atuam. E isso é primordial para que possamos avançar.

As suas redes sociais são uma vitrine do trabalho que você faz. Então, explicite o que há de melhor e combine conteúdo poderoso e imagem adequada. Não se esqueça de deixar de lado os padrões de beleza impostos pela cultura do consumo. A diversidade é algo natural e será valiosa em sua estratégia de branding pessoal.

Sempre digo que vale muito mais um guarda-roupas inteligente e funcional do que uma montanha de peças que não transmite a mensagem que você precisa passar. É muito mais importante ter uma apresentação poderosa e uma oratória adequada do que se preocupar em ter feito a última cirurgia da moda.

Utilizando essas estratégias e tudo o que vimos aqui, tenho certeza de que você prosperará a sua vitrine e conseguirá transparecer ao mundo o que existe de único e poderoso em seu trabalho. E agora que você já sabe que tudo na vida deve ser feito com intenção e propósito, chegou o momento de falar sobre o caminho a percorrer para alcançar uma imagem pessoal importante e influente.

No próximo capítulo, você verá os pilares de transformação e por qual motivo é tão importante cuidar de todas as pontas para construir uma reputação de sucesso.

CAPÍTULO 3

PESSOAS SE CONECTAM COM PESSOAS

Se você, assim como eu, gosta de filmes e de refletir sobre eles, provavelmente já assistiu a *O diabo veste Prada*,[14] com as icônicas Meryl Streep, representando a ácida Miranda Priestly, e Anne Hathaway, atuando como Andrea Sachs, ou Andy, uma menina delicada e inteligente que passa por uma transformação e tanto ao longo dos 109 minutos de trama.

Andy, jornalista recém-formada, está à procura de uma carreira de sucesso e é contratada para ser uma das assistentes de Miranda, editora-chefe da *Runaway*, revista fictícia de moda mais influente do mundo. Além da história se passar em Nova York, um dos locais mais conceituados no mundo fashion, temos ali um esquema comum da jornada do herói: Andy, uma garota ingênua e inteligente, é a aprendiz que precisa descobrir como vencer na carreira – e na vida – seguindo os passos contraditórios de Miranda.

Entre tarefas aparentemente impossíveis delegadas pela chefe e as muitas confusões que aparecem no caminho, temos um ponto muito importante do assunto sobre o qual estamos falando aqui: a imagem pessoal de Andrea passa por uma transformação única e poderosa. Embora comece como alguém que não se

14. O DIABO veste Prada. Direção: David Frankel. EUA: 20th Century Studios, 2006. Vídeo (109 min). Disponível em: https://www.starplus.com. Acesso em: 10 ago. 2023.

preocupa tanto com aparência, postura, roupas e comportamento, ao longo do filme vemos a personagem crescer tanto pessoal quanto profissionalmente. E qual é o grande diferencial dessa jornada?

Se já sabemos que a marca pessoal é a somatória das percepções associadas a uma pessoa e relacionadas a personalidade, valores, talentos, habilidades, comunicação, visual etc., vemos em Andrea a personificação de como uma marca pessoal poderosa é sinônimo de resultados extraordinários e alinhados ao propósito de cada um.

Mesmo quando as pessoas ao seu redor não acreditam em você, como o namorado de Andrea não acredita nela quando ela conta a amigos que conseguiu o emprego dos sonhos para trabalhar com Miranda na *Runaway* e pergunta se ela havia feito a entrevista por telefone, você precisará acreditar em si mesmo, no processo e em como o trabalho que está fazendo conduzirá a sua jornada para os resultados que tanto se esforçou para ter.

Com a história de Andy, percebemos que a aparência importa, sim, mas que vai muito além disso: estamos nos comunicando o tempo inteiro. Se já sabemos que só temos uma pequena fração de segundo para causar uma boa impressão e para que a outra pessoa forme uma opinião sobre nós, no filme conseguimos ter a dimensão de como o conjunto de tudo é o diferencial para termos credibilidade no mercado. É um atributo que Andy vai construindo ao longo do tempo ao realizar as tarefas impossíveis que são pedidas por Miranda, nos provando que essa característica é percebida pelos outros em relação ao nosso trabalho após cuidarmos de todas as frentes de um branding poderoso.

Se a partir do momento que nos colocamos no mercado somos um produto, eis a constatação: precisamos cuidar de todas as pontas de nossa imagem pessoal para nos tornarmos a marca poderosa que conquista o nicho em que atua e que constrói resultados extraordinários.

Além disso, como a consciência vem antes da ação, há algo que gosto de falar para os meus alunos e acho muito importante que você compreenda, pois é um ponto essencial do trabalho que estamos realizando: é muito mais fácil uma marca pessoal alavancar um negócio do que um negócio alavancar uma marca pessoal. Sabe por quê?

Pessoas se conectam com pessoas. E veja que aqui não estamos falando só de humanizar marcas a partir da construção de um perfil que posta selfies e mostra o dia a dia nas redes sociais, mas do conjunto de tudo o que engloba a verdadeira conexão que existe na construção de uma marca influente.

O sul-africano Elon Musk, o homem por trás de alguns dos projetos mais audaciosos da atualidade, é um ótimo exemplo de como um nome pode alavancar um negócio com muito mais efetividade do que o contrário.

Além de fundar a Tesla, empresa especializada em carros elétricos, armazenamento de energia e fabricação de painéis solares, Musk conta com outras grandes empresas em sua jornada, como a SpaceX, fabricante de sistemas aeroespaciais. Ele é visto como um visionário, ousando nos negócios e provando que não há limites para a inovação.

Não existe outro "rosto" por trás da Tesla e da SpaceX. Quando pensamos em posicionamento de mercado, a primeira imagem que nos vem é a de Musk. Ele está constantemente saindo nos jornais, palestrando e reforçando que existe conexão em tudo o que fala e faz. Ele respira suas empresas, inova frequentemente e representa a visão e os valores daquilo que acredita e transmite em seus negócios.

Assim também funciona a construção de uma marca pessoal. Do mesmo modo que Musk é o perfil que conecta com os negócios que possui, você precisa ser o rosto por trás do negócio que quer alavancar, seja a própria empresa, seja a sua carreira. Só existe um diferencial que podemos usar a nosso favor: nós mesmos.

OS OITO PILARES PARA A CONSTRUÇÃO DO SEU IMPÉRIO

A partir de agora, o único caminho possível é o topo. Para chegar até ele, é preciso utilizar os pilares do método de imagem pessoal que construí ao longo de anos de experiência e que refletem o que há de mais novo e poderoso nesse mercado.

Como contei na introdução, comecei a idealizar o método quando voltei da minha experiência na Europa e depois de ter cursado Administração. Ao ser contratada por alguns clientes, percebi que a mudança das roupas e do visual era importante, mas que esse não era o único diferencial necessário para que os negócios dessem certo e as pessoas alavancassem a própria carreira.

Havia ali algo mais profundo e que precisava ser trabalhado. E assim nasceram os oito passos que veremos a partir de agora. Eles estão divididos em dois pilares fundamentais:

1º pilar: construção de imagem

O desenvolvimento e a construção de imagem contêm tudo aquilo que precisa ser feito para que uma marca pessoal tenha estratégia e intencionalidade. Nessa etapa, falaremos de todos os passos do método para se tornar uma marca pessoal impactante. Todo mundo é um produto que, antes de ser lançado no mercado, precisa estar pronto.

2º pilar: gestão de imagem

O segundo pilar trata da gestão da marca pessoal, ou seja, após entender todos os pilares da construção de uma marca poderosa, a proposta é que se faça a gestão dessa marca, cuidando sempre dos pontos apresentados aqui para que seja possível atingir os objetivos traçados.

Agora que você já sabe quais são os pilares da metodologia, confira o que é abordado em cada um deles.

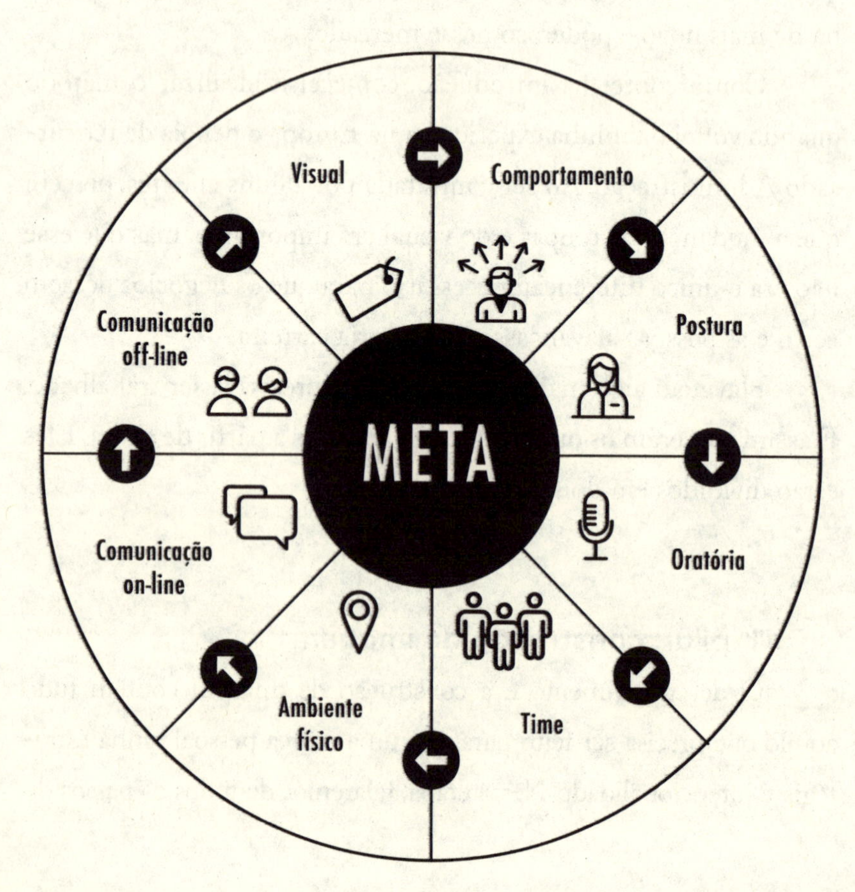

Visual: abordar o visual não é apontar quem é feio ou bonito. Não está relacionado a gênero, raça, cor ou identidade. Tampouco tem a ver com roupas ou com estar dentro dos padrões impostos pela sociedade. A parte visual cuidará da construção de imagem para ficarmos adequados e tangibilizar as referências que queremos transmitir. Nesse ponto, abordaremos atratividade, curiosidade e interesse. No primeiro passo, cuidarei para que você olhe no espelho e goste do que está vendo, transbordando autoestima e confiança ao projetar a sua imagem pessoal a partir do visual perfeito para as suas expectativas e necessidades.

Comportamento: se apenas o visual fosse sinônimo de sucesso, a nossa vida seria muito mais fácil. Assim, não adianta estar bonito e bem-arrumado se o seu comportamento não está alinhado com o nicho em que atua. Isso significa que, se você quer passar uma imagem de credibilidade, o seu comportamento precisa estar alinhado com esse desejo. Nessa parte, falaremos da forma como você anda, gesticula, olha nos olhos das pessoas etc. Todos os elementos do comportamento precisam passar segurança e excelência.

Postura: vejo muitos vídeos por aí falando sobre como está fora de moda utilizar as regras de etiqueta. No entanto, etiqueta nada mais é do que um conjunto de normas de educação para passarmos uma boa imagem a quem está em contato conosco. Se etiqueta é educação, temos, portanto, que educação jamais vai sair de moda. Em postura, falaremos de como você se comporta e se relaciona nos mais variados ambientes pelos quais transita. Será englobado tanto o ambiente profissional quanto o pessoal. Vamos passar pela postura com o time e pela postura na comunicação on-line e off-line, abordando todos os pontos da sua jornada.

Oratória: comunicação interpessoal é fundamental. Na oratória, falaremos sobre o conjunto de técnicas e ferramentas que devem ser utilizadas em apresentações, bate-papos e em todos os momentos em que for preciso se comunicar para que você consiga transmitir a imagem pessoal adequada. Serão abordadas as linguagens verbal (entonação, timbre, velocidade, volume e ritmo) e não verbal (linguagem corporal, postura, gestos e movimentos das mãos e expressões faciais).

Time: imagine que você recebeu a indicação de uma dermatologista específica e entra em contato para marcar uma consulta. Ao fazer o contato, você percebe que a pessoa com quem está se comunicando é rude, não facilita a conversa, responde com frases curtas e não consegue um horário na agenda para que você possa ir à clínica. As respostas demoram, as mensagens são confusas e, no fim, você desiste do atendimento. Cuidar desses detalhes é cuidar do time, que precisa transmitir a mesma excelência que você transmite. É preciso estar alinhado, e quem está ao seu lado deve oferecer a mesma qualidade que você. Seu time é a maior extensão da sua imagem.

Ambiente físico: nesse tópico abordaremos o cuidado do espaço físico da sua empresa e de todos os ambientes que compõem a sua marca pessoal, como o fundo de uma reunião e a organização do espaço em que trabalha. O ambiente precisa ser coerente e mostrar sua autoridade. Por isso, veremos aqui algumas estratégias que podem ser adotadas e tantas outras que precisam ser evitadas.

Comunicação off-line: em um mundo 100% conectado, muitas pessoas esquecem que transmitir uma marca pessoal poderosa é uma equação que soma qualidades e entrega referência. Aqui falaremos de como o networking, a troca de autoridade e a construção de comunidades impactam a reputação e a influência de modo significativo.

Comunicação on-line: a sua vida digital importa. Nesse ponto, falaremos de tudo o que está relacionado ao âmbito on-line: matérias, artigos, redes sociais, o que é mostrado e o que é escondido. E iremos além: você aprenderá que comunicação on-line diz respeito aos detalhes do que você entrega, como o e-mail que utiliza e o layout do orçamento que disponibiliza, por exemplo.

Com esses pilares, você terá as melhores ferramentas do mercado para avançar. E, a partir de agora, conhece dois pontos muito importantes: o seu objetivo, ou seja, o que quer alcançar com o desenvolvimento da sua marca pessoal; e a definição do nicho em que atua, para que possa direcionar as estratégias de cada capítulo.

Em relação ao objetivo, quero que você pare um momento e retome a meta que colocou no fim do capítulo 1. Deixarei um espaço a seguir para que você reescreva o que colocou ali. Caso queira rever a meta, esse é um ótimo momento. E lembre-se: ela precisa ter prazo e resultado específicos e não pode ser irreal.

A minha meta é...

____

____

____

____

____

____

Com essa meta em mãos, guarde a informação para que possamos passar ao último tópico do capítulo 3: os tipos de público.

O TIPO DE PÚBLICO IMPORTA

Você já sabe, mas não custa repetir: ninguém inventa características positivas nem negativas sobre nós. As pessoas simplesmente absorvem as referências que transmitimos. Criar e construir uma imagem pessoal poderosa é, portanto, um quebra-cabeça que une todos os elementos que acabamos de ver para que possamos criar as referências corretas do mercado. Como você já viu, a sua meta é o centro do círculo virtuoso que estamos construindo. O próximo passo é entender o seu público.

Gosto de falar para os meus alunos que existem apenas dois tipos de público: *público de preço* e *público de valor agregado*. Mas o que isso quer dizer, Bianca?

Público de preço é aquele que está interessado em conseguir as melhores ofertas do mercado, independentemente da qualidade do produto ou serviço que é oferecido. Para esse público, por exemplo, não importa se você está vendendo algo de qualidade. Importa, na realidade, que você esteja vendendo com o menor preço possível. Aqui estamos falando sobre custo-benefício.

Imagine um médico vascular que oferece tratamentos em sua clínica, o público de preço vai abandonar esse profissional caso encontre algo mais em conta no mercado. E esse público não faz isso porque não se importa com a qualidade – pelo contrário, ele entende que qualidade é importante, mas sempre buscará a melhor oferta para que não se sinta "enganado". Nesse caso, não existe fidelidade na parceria entre cliente e profissional.

Já o *público de valor agregado* é composto por pessoas que procuram a excelência e o que há de melhor no mercado em todos os quesitos: experiência do cliente, preço do produto, design, atendimento, proposta, comunicação, pertencimento etc. O público de valor agregado está mais preocupado com o que é recebido do que com o preço pago pelo serviço ou produto. É um público que é possível fidelizar; para ele, o diferencial é a excelência. E é impossível vender valor agregado se você não faz parte desse mundo.

Pensando nesses dois tipos e em tudo o que vimos até agora, imagino que você já saiba que o nosso foco sempre será o público de valor agregado – afinal, estamos construindo passos de excelência e qualidade –, e isso traz para perto de nós as pessoas que também buscam essas características ao adquirir produtos e serviços. Ter isso em mente será fundamental para que você faça o exercício a seguir, respondendo a perguntas sobre a sua persona – o seu cliente ideal – e o que ela busca ao contatar você.

Ninguém inventa características positivas nem negativas sobre nós. As pessoas simplesmente absorvem as referências que transmitimos.

@biancaladeia

Quais são as necessidades e os problemas do seu cliente?

Quais soluções ele busca?

Qual é o perfil do seu cliente? Quem é o seu público-alvo?

Como é o comportamento dele no mercado em que atua?

Como é a sua rotina?

O que ele valoriza?

Qual é a emoção que o faz consumir produtos e serviços?

Agora você já tem clareza de qual é o seu público e quais são as expectativas dele. Consequentemente, poderá montar as estratégias necessárias para atingir a sua meta e construir uma marca pessoal de impacto.

Esse é o caminho que o fará parar de correr atrás das pessoas e começar a ser procurado por elas. Ser visto como um elemento importante do mercado, fazendo com que aqueles ao seu redor queiram fazer parte do seu ecossistema. Nesse momento, o jogo começa a mudar, pois você passa a escolher clientes, negócios, parceiros e time. É um novo percurso que se abre.

No próximo passo, veremos o primeiro pilar de construção de imagem no que diz respeito ao seu cartão de visitas no âmbito pessoal e profissional: o visual.

CAPÍTULO 4

COMO ESTÁ A SUA IMAGEM HOJE?

Feche os olhos e imagine que você precisa ir a um evento muito importante para a sua vida profissional e que o ajudará a se aproximar da meta que você traçou no capítulo anterior. Esse evento pode representar o grande diferencial nos próximos passos da sua empresa ou da sua carreira. Você é competente, tem ótimas habilidades, conversa muito bem e entrega um produto ou serviço maravilhoso. Você é único e merece destaque… Entretanto, acordou em um dia ruim, daqueles em que não queremos levantar da cama e temos dificuldade em cumprir o que precisa ser feito.

Você não preparou no dia anterior a roupa que usaria e, por estar desanimado, decide que o melhor caminho é escolher algo confortável. Afinal, é preciso se sentir bem consigo mesmo, não é? E as pessoas vão gostar de você independentemente do que esteja vestindo, correto? Errado. Mas vamos em frente. Você escolhe roupas e sapatos confortáveis que não são os que mais o valorizam, mas está tudo bem para o momento. É hora de sair.

Ao chegar ao evento, logo se encontra com uma das pessoas mais importantes do mercado. O seu grande sonho é poder se conectar com esse profissional, mas, quando percebe, ele passa batido e nem dá bola para você. O dia segue bem, mas você sente que não está se destacando, que as pessoas não estão dando a devida credibilidade ao seu trabalho. No fim, você vai embora frustrado e se pergunta o que pode ter acontecido. Na realidade, você não só perdeu uma chance, mas oportunidades imensuráveis. Por quê?

Talvez você ainda não tenha percebido, mas, no cenário em que vivemos, é mais fácil sermos observados do que termos oportunidade de nos comunicar. Ao chegar a um local, antes mesmo que você possa se apresentar, falar sobre si ou mostrar o quanto é competente, o seu visual é o elemento que gera impacto nas primeiras impressões que os outros terão da sua imagem. E como já vimos, a primeira impressão pode ser decisiva, pois a imagem que projetamos desempenha um papel fundamental em nosso sucesso.

Isso significa que a forma como nos vestimos, os acessórios que escolhemos e a maneira como nos apresentamos influenciam muito a maneira como somos percebidos pelo mercado e como nossas habilidades e competências são valorizadas. Mas será que isso realmente acontece? E por qual motivo? Vamos voltar no tempo para compreender melhor.

Apesar de estarmos em uma época diferente, nosso comportamento é muito pautado em nossos ancestrais primitivos. É claro que eles não precisavam se preocupar com a imagem pessoal, entretanto o ponto aqui é a análise de pertencimento desses primeiros humanos que andavam em bando para se proteger de predadores, garantir recursos e sobrevivência. Por estarem sempre em comunidades, havia ali conexão e aceitação dentro de determinados grupos sociais. Em outras palavras, já existia o sentimento de pertencimento.

Embora esse seja um modo muito simples de analisar séculos de história da humanidade, o que nos interessa no momento é que carregamos até hoje essa identificação social. Ao olharmos para alguém, automaticamente procuramos elementos com que possamos nos conectar. Se não conseguimos despertar esse sentimento, somos "descartados" pelos nossos pares.

Sabe como você pode trazer essa informação para a sua realidade? Pensando em seu público-alvo. Ele precisa vê-lo e entender que você faz parte do mundo dele. E por qual motivo? Bem, se ele sentir que você não faz parte do mundo dele, pensará que você não conhece a sua dor. E, se não conhece a sua dor, você não tem a mínima chance de ajudá-lo. Simples, não é?!

Voltando à história com que iniciei o capítulo, além de ter perdido oportunidades únicas que provavelmente nunca serão retomadas, o nosso personagem também pecou em vários aspectos relacionados à construção de um branding poderoso. Temos algumas verdades que precisam ser ditas e para as quais você provavelmente já se atentou:

1. Sim, você será analisado a partir do seu visual. Ou seja, roupas, acessórios, maquiagem e tudo o que envolve o seu visual será observado antes mesmo que você tenha a chance de provar o seu valor.

2. Escolher "o que é confortável" nem sempre o levará à jornada da marca pessoal de sucesso. Já conversamos sobre isso, e reforço: tudo precisa ter intencionalidade, inclusive a maneira como você se veste.

3. Não, as pessoas não vão gostar de você independentemente do que você está vestindo. Isso até pode ser factível em um círculo social de amigos (ainda assim, nem sempre acontece), entretanto, no campo profissional é imprescindível que você cuide de todos os detalhes para que transmita a imagem pessoal adequada para o seu projeto de marca.

O visual abrange exatamente esses pontos, ou seja, como precisamos cuidar dos detalhes da nossa apresentação para colhermos os frutos da construção da marca pessoal adequada com a qual estamos trabalhando.

O PRIMEIRO ELEMENTO DE ATRATIVIDADE É O VISUAL

Você sabe qual é a diferença entre estilo e dress code? Sabe se vestir adequadamente nos eventos a que vai? Sabe usar a atratividade a seu favor? Esses e outros pontos passam pelo primeiro elemento do visual: a *atratividade*.

Segundo o livro *Capital erótico*,[15] de Catherine Hakim, socióloga britânica conhecida por seu trabalho sobre o tema:

> Pessoas atraentes se destacam. Os outros notam, são conquistados por elas, têm boa vontade com elas. Barack Obama possui muitos talentos, é inteligente e extremamente culto, mas é provável que o fato de ser um homem bonito, elegante, bem-vestido e de estar em forma tenha contribuído para que se tornasse o primeiro negro a ser eleito presidente dos Estados Unidos, especialmente porque sua mulher, Michelle, também preenche todos esses requisitos. [...] A beleza extraordinária parece ter apelo global, [...] mas o mesmo padrão pode ser observado na vida cotidiana. Pessoas física e socialmente atraentes têm um "quê", uma vantagem, um encanto que pode beneficiá-las em todos os aspectos da vida e em todas as profissões.

Segundo ela, assim como existe o capital econômico, que pode comprar qualquer coisa, e os capitais social e cultural, existe também o capital erótico, que combina "beleza, *sex appeal*, dinamismo, talento para se vestir bem, charme, habilidades sociais e competência sexual. É um misto de atratividade física e social".[16] E essa atratividade é fundamental para avançarmos no elemento visual.

A atratividade desempenha um papel fundamental nas primeiras impressões que as pessoas têm de nós. Uma aparência

15. HAKIM, C. **Capital erótico**. Rio de Janeiro: Best Seller, 2012. *E-book*.
16. *Ibidem*.

atraente pode causar uma percepção positiva inicial, abrindo portas e oportunidades, além de gerar confiança e credibilidade, autoconfiança e poder. E quando combinada com a *inteligência visual*, terá o combo perfeito que o levará a seus objetivos, tudo isso usando sua marca pessoal de sucesso.

Essa inteligência é uma habilidade cognitiva relacionada a percepção, compreensão e uso efetivo de elementos visuais. Em outras palavras, é a capacidade de interpretar informações visuais, identificar padrões, reconhecer detalhes e aplicar esse conhecimento de modo significativo. Com a inteligência visual, você pode, por exemplo, analisar os 360 graus da sua apresentação e a fazer os ajustes necessários. Ela é fundamental para entender os pontos primordiais do visual em seu projeto.

É com a inteligência visual que você entenderá que a adequação do visual é importante. É também a partir desse conceito que vamos falar sobre estilo e dress code.

Quando falamos de estilo, temos a maneira única e individual de cada um se vestir, se apresentar e se expressar visualmente. É a partir do estilo que alguém combina e adapta roupas, acessórios, cores, padrões, texturas e outros elementos para criar uma imagem pessoal que reflete a sua personalidade, suas preferências e sua identidade.

Já o dress code, ou código de vestimenta, é um conjunto de regras que determinam a maneira correta de se vestir em determinados contextos ou ambientes. São diretrizes que podem variar, por exemplo, de acordo com a ocasião, o local, o evento ou a cultura. O objetivo é transmitir uma imagem correta, garantindo a adequação e o respeito ao ambiente e às expectativas que foram estabelecidas.

Em outras palavras, estilo é aquilo de que nós gostamos, enquanto dress code é o jeito correto de se vestir para cada ocasião. O entendimento desse ponto é importantíssimo, pois, para ter um visual adequado e alinhado com as suas expectativas de marca pessoal, é preciso entender que nem sempre o seu estilo é o primordial e ao decidir como se vestir antes de sair de casa. Em muitos momentos, o dress code precisará falar mais alto. Sendo assim, para que você possa se orientar, vou deixar algumas orientações de dress code.

Traje casual: para esse dress code, roupas menos formais e mais leves, geralmente adequadas a ambientes descontraídos, como almoço com amigos, cinema, festas infantis e um passeio no shopping. Aqui podemos incluir peças mais descontraídas, como jeans, camisetas e tênis, mas lembre-se: conforto não é sinônimo de desleixo.

Traje resort: adequado a eventos ao ar livre, como churrascos e reuniões na praia. Nesse caso, aposte em peças mais largas, vestidos longos e informais e bermudas; tecidos leves e algumas estampas também caem bem.

Traje esporte: esse código de vestimenta tem como objetivo ser um pouco mais formal, porém sem deixar de lado a casualidade. Calças jeans, blazers e peças mais estruturadas com certeza podem entrar aqui.

Traje esporte fino ou passeio: aqui entram casamentos durante o dia, formaturas simples, eventos como concertos e teatros. Nesse traje, é interessante apostar em roupas mais formais, como calças de alfaiataria, camisa e calça social e vestidos midi.

Traje social ou passeio completo: para jantares mais formais, casamentos elegantes, premiações, formaturas à noite ou grandes eventos, e a ideia é seguir com o traje social ou passeio completo. Aqui já podemos incluir roupas com brilho para as mulheres e terno e gravata para os homens.

Traje black tie ou a rigor: esse traje é destinado aos eventos mais sociais e sofisticados que existem, como festas glamourosas, bailes de gala etc. Aqui o dress code pede gravata borboleta, smoking completo e vestidos longos.

Esses são os principais elementos, bem resumidos, para que você possa sempre adaptar o seu visual de acordo com cada ocasião.

É imprescindível saber se vestir adequadamente para cada ocasião, usando a atratividade do capital erótico e a inteligência visual a seu favor. Todos esses elementos são fundamentais para elevar a sua imagem.

Para você se orientar e entender em detalhes cada um dos estilos e dos dress codes, aponte a câmera do celular para o QR code ou acesse o link a seguir, pois preparei um material especial.

O PODER DO GUARDA-ROUPA

Quem nunca passou por esta situação ou já ouviu alguém falar sobre isto: você vai até o guarda-roupa, abre, olha tudo o que há ali e sente que não tem o que vestir. Apesar de esse tipo de situação ser muito mais comum com as mulheres, vejo homens que passam por isso também ao não pensarem sobre a organização e as peças corretas para um armário funcional, direcionado e de impacto.

Como já falamos, as roupas que escolhemos usar comunicam mensagens poderosas sobre quem somos, sobre nossos valores e nossa identidade. E não estamos falando apenas do estilo de cada roupa, mas da qualidade e da composição como um todo. O tecido utilizado, por exemplo, influencia o caimento, a sensação ao toque, o conforto e até mesmo a durabilidade da peça.

Sendo assim, o primeiro ponto sobre o guarda-roupa, primordial para a nova fase da sua marca pessoal, é: opte por roupas feitas com tecidos de qualidade. Eles transmitem excelência, sofisticação e cuidado com os detalhes.

Acredite quando digo que é muito melhor optar por um conjunto de qualidade do que estar com um guarda-roupa cheio de peças que possuem baixa durabilidade e não transmitem a imagem que você quer passar. Se pensar no longo prazo, com certeza será mais rentável investir mais dinheiro agora, do que sair comprando sem um objetivo definido em lojas que não transmitem a mensagem que você gostaria.

Para você analisar e entender melhor o seu guarda-roupa, quero propor um exercício. Abra o seu armário e separe todas as peças por categorias: camisas, blusas, calças, vestidos, saias etc. Depois, vá passando por cada uma das categorias e analisando-as de acordo com os quatro elementos que explicarei a seguir.

1. Atualidade: nesse momento, o objetivo é analisar há quanto tempo as peças estão guardadas. É claro que existem algumas que não saem de moda, como uma camisa branca, por exemplo, mas há muitas variações dessa mesma peça e é bem possível que você esteja guardando roupas desnecessárias e desatualizadas que não deveriam estar passeando por aí. Sabe aquela jaqueta de couro que está há anos e anos com você, mas que nunca é usada pela falta da ocasião "certa"? Ela pode até estar em perfeito estado, mas, se estiver desatualizada, vai deixar a sua imagem ultrapassada. A atualidade das peças é fundamental para manter um guarda-roupas alinhado com a marca pessoal que quer passar.

2. Aparência: de nada adianta ter um guarda-roupa lotado se você guarda peças que já estão batidas e mostram sinais de uso excessivo e desgaste. Agora é hora de separar o que é de boa qualidade e ainda está com boa aparência para ser guardado. Para o que não estiver, chegou o momento de falar tchau.

3. Caráter da roupa: qual mensagem cada roupa passa? Analise o seu objetivo com a sua marca pessoal e as roupas que estão aí. Será que a sua imagem está alinhada com o que você guardou? A mensagem que as roupas passam é a que você gostaria de transmitir? Se você não está mais na fase de usar saias muito curtas ou bermudas, por exemplo, e se elas não transmitem autoridade e seriedade, chegou o momento de separá-las e tirá-las do seu armário.

4. Proporção: aqui o propósito é entender o que valoriza ou não você. E saber o que desvaloriza é tão importante quanto entender o que valoriza. Observe as roupas que separou e verifique se destacam seu corpo, sua altura, seu corte de cabelo etc. Se você é mais baixo, por exemplo, pode olhar a proporção das roupas e avaliar se o que está vestindo alonga o seu corpo. Se é mais alto, pode usar roupas que valorizem o tamanho das pernas. E assim por diante.

Agora que você já deixou em seu guarda-roupas apenas os itens que efetivamente devem ficar, chegou a hora de falar de uma regra que utilizo com alguns clientes: regra de 60/20/20. É interessante que 60% de nosso guarda-roupa esteja voltado para peças atemporais, 20% para tendências e 20% para acessórios. Vamos analisar detalhadamente esses itens a partir de agora.

Peças atemporais

São aquelas peças clássicas, de design simples e elegante, que podem ser usadas em diferentes ocasiões e combinadas de diversos modos, a depender da mensagem que se quer passar. Por exemplo, um tubinho preto. Caso você coloque esse vestido com um blazer e um sapato de salto alto e fino, pode ir a um jantar especial. Se usar com um tênis e uma jaqueta jeans, pode ser ir a um parque ou uma ocasião mais informal.

A relevância das peças atemporais na moda jamais passa por completo, elas vão além do tempo – por isso, a ideia aqui é destinar mais ou menos 60% de seu guarda-roupa a esse estilo.

Alguns exemplos de peças atemporais: blazer com bom corte, camisa branca de botões, calça de alfaiataria, vestido preto reto, saia-lápis, *trench coat*, sapatos de couro clássico, bolsa estruturada, blusa de seda.

Como são peças atemporais, elas poderão ficar de três a quatro anos no seu armário, se forem de qualidade.

Tendências

Refletem as últimas escolhas de moda e geralmente são utilizadas em uma temporada específica por especificidades como estilo, cor, estampa, cortes, silhuetas e detalhes. Por serem passageiras, apenas uma pequena parcela do seu guarda-roupa deve ser destinada a esse estilo, ou seja, 20%.

Dessa forma, você poderá misturar o clássico com as tendências e deixar suas produções modernas. Como são peças de temporada e que ficarão no máximo por um ano no seu armário, leve em consideração o custo-benefício.

Acessórios

Os acessórios têm um poder transformador. Além de agregar valor ao visual, podem mudar a formalidade das roupas. Eles adicionam personalidade, estilo e um toque único. Kate Middleton, Princesa de Gales, sempre aposta em acessórios que transmitem os seus valores e reforçam a sua marca pessoal de impacto.[17]

Ao escolher os seus acessórios, é importante pensar no seu estilo pessoal e em lugares, eventos e ocasiões que costuma frequentar, separando 20% do seu armário para esse objetivo.

Alguns exemplos de acessórios para que você possa se inspirar: lenço, bolsa, cinto, colar, brincos, anel, pulseira, óculos de sol, relógio, broche, luva, acessórios para cabelo, chapéu etc.

Agora que você já sabe como dividir o seu guarda-roupa, quero levantar o ponto da responsabilidade social. Para as roupas que você separou, por exemplo, é sempre possível checar se possuem

---

17. KATE Middleton aposta em acessórios sustentáveis. **L'Officiel**, 24 set. 2021. Disponível em: https://www.revistalofficiel.com.br/moda/kate-middleton-aposta-cada-vez-mais-em-acessorios-sustentaveis. Acesso em: 26 jun. 2023.

qualidade e doar quem precisa. Roupas de frio podem ir para instituições de caridade ou campanhas de inverno. A meta aqui não é incentivar o consumo exagerado, muito pelo contrário; quero que você mantenha um guarda-roupas inteligente e adequado para a sua imagem pessoal.

Como próximo passo, é provável que você esteja considerando ir às compras. Caso seja o seu objetivo, minha sugestão é estabelecer um valor para gastar e procurar marcas que estejam alinhadas com o que precisa. Lembre-se: qualidade é mais importante do que quantidade.

OS DETALHES MUDAM O JOGO

Por fim, para fecharmos o capítulo do visual, quero falar de algo que é fundamental nessa etapa: *atenção aos detalhes*. Para isso, vou te contar sobre a Ana, uma cliente que investiu tempo e energia para aprimorar o seu visual e garantir que transmitisse profissionalismo e cuidado. Ela ajustou o guarda-roupa, escolheu peças de qualidade e agora sabe utilizar os acessórios a seu favor.

Ana também se preocupou com a importância da análise de cores para o seu tom de pele e com valorizar seu tipo físico – passos importantes para que soubesse se destacar. Além de todos esses atributos, ela entendeu também que a atenção aos detalhes é fundamental quando se fala de branding pessoal. Mas o que é, afinal, atenção aos detalhes?

Quando o assunto é visual, o objetivo é ter uma visão completa de tudo o que envolve a apresentação pessoal, como você já percebeu até aqui. Ou seja, ter atenção aos detalhes é cuidar também do corte de cabelo, estar com a barba bem-feita, manter as unhas sempre limpas, cuidar da higiene pessoal e de tudo o que envolve a sua apresentação frente a outras pessoas.

Não esqueça que o seu visual é seu cartão de visitas e que ele diz muito sobre você.

É possível que você tenha lido tudo isso e pensado: *Nossa, mas esses pontos são óbvios, Bianca*. Acredite quando digo que nem sempre são. Já sabemos que somos um produto e que precisamos cuidar do que é mais precioso para alavancar a nossa marca pessoal, isto é, nós mesmos. Contudo, muitas pessoas se esquecem de que é preciso ter intencionalidade em tudo o que fazemos, ou seja, precisamos pensar em e cuidar de cada detalhe para entregarmos sempre o nosso melhor.

E cuidar de todos esses elementos é o que fará você avançar para a próxima etapa. Não esqueça que o seu visual é seu cartão de visitas e que ele diz muito sobre você. E faz isso antes mesmo que possa falar e mostrar a sua competência. O cuidado e o carinho que temos com a nossa aparência diz muito sobre a nossa personalidade.

O próximo passo será analisarmos outro atributo fundamental: o comportamento.

CAPÍTULO 5

O COMPORTAMENTO MUDA TUDO

Já parou para pensar sobre o que o seu comportamento tem transmitido atualmente? Força ou arrogância? Acessibilidade ou submissão? Autoridade ou teimosia? Essas e tantas outras perguntas permeiam a nossa vida e as nossas relações. Quando o assunto é marca pessoal, comportamento é um dos grandes fatores responsáveis pelo nosso sucesso ou a falta dele.

O comportamento, quando avaliado em conjunto com o visual, assunto de que acabamos de falar, é um dos principais fatores que contribuem para a formação das primeiras impressões sobre nós mesmos. Quando adequado, é essencial para construirmos relacionamentos pessoais e profissionais sólidos, gerando consistência e credibilidade em relação à nossa imagem. A partir de como nos portamos, transmitimos profissionalismo, reputação, posicionamento assertivo e tantas outras características que nos ajudam no âmbito pessoal e profissional. Já a falta dele, por outro lado, pode passar insegurança, arrogância, submissão, teimosia, inflexibilidade e muitas outras sensações que fazem com que a nossa mensagem não seja confiável. Adequar o comportamento é, portanto, peça-chave para a construção da sua marca pessoal.

Amy Cuddy, psicóloga social, pesquisadora, palestrante e professora da Harvard Business School, estuda as relações de influência e sucesso no que tange à linguagem corporal dos seres humanos.[18] Em seu livro *O poder da presença*, ela comenta que ter presença é algo que "reconhecemos quando sentimos e quando vemos, mas [...] é difícil de definir. [...] A presença emerge quando nos sentimos pessoalmente poderosos, permitindo que nos sintonizemos de forma clara com nosso eu mais verdadeiro".[19] E a falta de uma presença adequada, é claro, também é percebida (e possivelmente julgada).

Cuddy analisa como a transformação da mente pode partir de simples mudanças de comportamento com técnicas que nos ajudam a superar o medo em momentos que precisamos melhorar o desempenho. Em seu TEDGlobal de 2012, ela comenta o modo como o corpo pode influenciar o cérebro e o comportamento. A pesquisadora conta que conduziu em laboratório uma pesquisa com algumas pessoas e que a proposta era que elas adotassem por apenas dois minutos poses de "alto" e "baixo" poder. Como resultado, percebeu que o comportamento não verbal influencia a maneira como pensamos e nos sentimos em relação a nós mesmos.[20]

E essa é uma grande descoberta, pois a partir dela conseguimos entender que, além de outras pessoas nos analisarem a partir do nosso comportamento, nós mesmos estamos nos transformando em relação a ele, a partir de determinadas mudanças de atitude.

---

18. AMY Cuddy. **Sextante**. Disponível em: https://sextante.com.br/autores/amy-cuddy/. Acesso em: 29 jun. 2023.

19. CUDDY, A. **O poder da presença**. Rio de Janeiro: Sextante, 2016. *E-book*.

20. A NOSSA linguagem corporal modela quem somos. 2012. Vídeo (29min 46s). Publicado por TEDGlobal. Disponível em: https://www.ted.com/talks/amy_cuddy_your_body_language_may_shape_who_you_are/c?language=pt. Acesso em: 29 jun. 2023.

Dentro de cada um de nós há um grande "poder", e esse poder deve ser utilizado a nosso favor. Sendo assim, quero apresentar alguns dos pilares do comportamento que precisam ser cuidados e que são fundamentais para que você caminhe em direção à marca pessoal poderosa que vai alavancar a sua carreira e o seu negócio.

1. O PODER DO NÃO

Saber falar "não" é um dos fatores primordiais para o comportamento. Dentro da Imersão em Imagem, curso presencial que fundei e que tem como objetivo ajudar pessoas a construírem a sua marca pessoal de impacto, gosto sempre de trazer um ponto importante: quando os clientes me procuram, buscando iniciar o trabalho comigo por meio da mentoria individual, minha resposta é sempre "não". Sabe por quê? Começar com um cliente que quer fazer o trabalho individual significa que estou pulando uma das etapas do meu trabalho – no caso, a imersão. É nela que essa pessoa aprenderá todos os pilares e as ferramentas para iniciar a construção de imagem. A mentoria individual é um passo seguinte.

A reflexão que quero trazer aqui é que nem sempre será fácil falar não, mas em muitos momentos será necessário. Ou porque existem etapas anteriores que precisam ser seguidas, ou porque não é o momento, ou porque não é adequado, ou simplesmente porque para você não funcionará dessa maneira. E acredite: até mesmo uma simples negativa pode ser um comportamento favorável para os seus negócios.

Sendo assim, analise e avalie o que você faz hoje e o objetivo que quer atingir. Será que o caminho percorrido até hoje e todas as vezes em que disse "sim" estão o guiando a esse objetivo? Ou será que você está precisando adicionar alguns nãos no meio do caminho para crescer e ter uma marca pessoal de referência?

Cuide da maneira como você fala "não". Ela também influencia seus resultados.

Não se esqueça, entretanto, que o poder de falar "não" está relacionado à maneira como se faz isso. Até mesmo nesse momento, é necessário pensar no modo correto de passar a mensagem. No meu caso, por exemplo, sempre explico para os alunos que Imersão em Imagem é o primeiro passo devido à quantidade de conteúdo a que o cliente terá acesso, deixando a mentoria individual para um momento posterior. É na imersão que meus alunos têm o primeiro contato com a minha metodologia, vivenciam essa experiência por completo. Na mentoria, o trabalho é individualizado e funciona melhor para quem já tem as bases do que ensino.

Por isso, cuide da maneira como você fala "não". Ela também influencia seus resultados.

Antes de seguirmos, vou propor um exercício. Deixe nas linhas a seguir a sua percepção em relação a todas as vezes que tem falado "sim" até agora. Você acha que se falar "não" para algumas situações, avançará mais rapidamente, deixará seu objetivo mais claro? Anote também como pode mudar essa situação de só dizer "sim".

2. OLHE NOS OLHOS

Você se sente incomodado quando está conversando com alguém e essa pessoa se comunica sem olhar nos seus olhos? Ou será que você, por insegurança ou medo, acaba fazendo isso em alguns momentos? Sempre gostei do formato e do tamanho dos meus olhos, então para mim esse atributo não foi tão difícil de conquistar; entretanto, sei que é possível que você esteja nessas situações que descrevi.

O contato visual é um comportamento importante, pois demonstra conexão interpessoal, gera eficácia na comunicação, fortalece o vínculo entre as pessoas, transmite interesse, atenção e respeito pelo outro e cria um ambiente mais envolvente e conectado. Isso sem contar que o contato visual também pode ajudar na persuasão em relação aos argumentos que você está apresentando. E ainda ajuda a captar pistas de como essa pessoa se sente em relação às mensagens não verbais que pode estar transmitindo.

Caso você esteja no grupo dos que ainda se sentem inseguros de fazer isso, quero que tente uma prática gradual de contato visual. Comece se olhando no espelho, depois observe e pratique com a família e os amigos; por fim, a ideia é que você se comprometa a manter contato visual por mais tempo sempre que estiver conversando com uma pessoa desconhecida.

Técnicas de respiração e relaxamento corporal também podem ajudar. Sempre que for ter uma reunião de negócios importante ou uma conversa desafiadora, minha sugestão é que tire alguns minutos para respirar profundamente e tomar consciência da situação. Isso com certeza ajudará você a se conectar melhor com o seu interlocutor e a olhá-lo nos olhos com mais facilidade.

É claro que essas são apenas algumas ferramentas para que você pratique e consiga avançar. Se sentir que não está funcionando, a sugestão é procurar ajuda profissional para avaliar o que pode estar travando você nesse momento. O grande objetivo aqui é mostrar como o contato visual pode ser um atributo comportamental poderoso para a sua marca pessoal. Portanto, não se esqueça de, a partir de agora, sempre olhar nos olhos para ter mais resultados em suas conversas e negociações.

3. CUIDADO COM OS GESTOS

Na comunicação, as palavras que usamos são apenas uma parte do que transmitimos, por isso nossos gestos exercem um impacto poderoso no direcionamento e na dinâmica de uma conversa. Henrik Fexeus, autor do livro *A arte de ler mentes*,[21] explica que, além de transmitirmos mensagens a partir de nossos gestos, também podemos compreender a o que está sendo transmitido por nosso interlocutor.

---

21. FEXEUS, H. **A arte de ler mentes**. Rio de Janeiro: BestSeller, 2018.

> O fato é que a maior parte da comunicação entre duas pessoas ocorre em silêncio. O que comunicamos em palavras, às vezes, representa menos de 10% de toda a mensagem. O resto é comunicado com o nosso corpo e a qualidade da nossa voz. [...] Vendo de outro ângulo: a comunicação silenciosa, que pode constituir mais de 90% de toda a nossa comunicação, não acontece apenas em silêncio. A maioria também acontece inconscientemente.

Consciente ou inconscientemente, os gestos podem reforçar, contradizer ou até mesmo substituir palavras. Podem dar ênfase, expressar emoções, mostrar abertura ou fechamento comportamental. Poderoso, não é?

Enquanto gestos positivos como sorrir, inclinar-se levemente em direção à pessoa, concordar, mostrar compreensão, apertar a mão com firmeza e acenar podem contribuir para obter mais resultados nas relações interpessoais; gestos negativos como franzir a testa, arquear as sobrancelhas, cruzar os braços, tocar o rosto excessivamente, evitar contato visual, ficar em uma postura encolhida e fazer caretas podem desandar completamente uma interação. Muito além de apenas analisar e observar os nossos gestos, também podemos exercitar essa percepção com os gestos feitos pelos outros.

Sendo assim, entenda o poder dos gestos e aprenda a utilizá-los para melhorar de maneira significativa a sua capacidade de comunicar determinada mensagem e influenciar positivamente o impacto da sua presença. Você se lembra do que falamos sobre o cuidado com os detalhes? Esse passo também está presente aqui.

4. SORRISO E SIMPATIA, SERIEDADE E ASSERTIVIDADE

Muitas pessoas podem não perceber, mas enquanto o sorriso transmite simpatia e acessibilidade, a seriedade dá o tom da assertividade. É claro que não quero sustentar que você precisa parar de sorrir ou transformar-se em uma pessoa séria. A ideia aqui é mostrar que existem ocasiões corretas para cada comportamento.

Em uma reunião importante de negócios que mudará o desfecho de uma venda, por exemplo, comportamentos como sorrisos excessivos, brincadeiras fora de hora e piadas inadequadas podem passar a mensagem errada, como se você estivesse nervoso ou inseguro. Já a seriedade pode demonstrar assertividade, ou seja, que você está certo das decisões que está tomando e que tudo o que fala/apresenta está alinhado com seus objetivos.

Quando o assunto é marca pessoal, tenha em mente que existe momento certo para tudo e que é possível utilizar essas mudanças a seu favor. Por isso, analise a situação e ajuste o seu comportamento para a ocasião. Isso fará toda a diferença.

Tudo em excesso passa do ponto, até mesmo a simpatia.

5. SENTIMENTO DE PERTENCIMENTO

Pegando o gancho do comportamento, apesar de muitos utilizarem técnicas de espelhamento para melhorar as interações, eu particularmente prefiro falar para os meus clientes e alunos que é preciso criar uma atmosfera de pertencimento das pessoas em relação a você. Vamos a um exemplo.

Imagine que você está em uma reunião importante com o seu cliente, apresentando uma proposta de projeto que envolve várias alterações, contratações etc. Nesse papo, você percebe que o seu cliente está fazendo piadas com o assunto, rindo em momentos inadequados, como se não levasse a sério o que você está apresentando. Você trabalhou muito nesse novo projeto e não entende o motivo para esse comportamento.

Segundo o espelhamento, por exemplo, você poderia adotar uma postura parecida com o seu cliente para gerar empatia, certo? Apesar de ser uma técnica utilizada, eu particularmente vejo que é muito mais importante que você crie uma atmosfera para que o seu cliente entenda a seriedade do assunto sobre o qual estão conversando.

Nessa situação, é possível adotar um comportamento que mostre que você está tentando apresentar algo importante e que gostaria de mudar o tom da reunião. Desse modo, a percepção do cliente em relação a você seria alterada, e ele entenderia que determinada atmosfera é importante para que vocês estejam alinhados.

É também imprescindível não mudar o seu comportamento se não sentir que é o momento adequado. Não fique sério se não sentir que é a hora para isso. Não se mostre brincalhão se não for a ocasião. Se está em um ambiente profissional e não sente que é adequado ficar "à vontade", então não fique.

Analise com maturidade as situações e entenda que é possível fazer o outro perceber a atmosfera e mudar o comportamento com você, e assim você mostra que faz parte do universo do outro.

6. COMPORTAMENTO COM A AUDIÊNCIA

Será que é importante cuidarmos do nosso comportamento até mesmo com a nossa audiência? Sim, com certeza. A questão do comportamento deve estender-se a todos os âmbitos da sua vida, on-line e off-line. Quanto a esse item, existem alguns pontos importantes sobre os quais precisamos falar.

Adapte-se ao seu público: lembre-se de que cada audiência é única, com diferentes características, expectativas e valores. Sendo assim, é fundamental adaptar o seu comportamento e a sua linguagem para atender às necessidades e preferências do seu nicho. Falaremos mais sobre a linguagem no capítulo 11. Aqui, quero que você cuide de como se porta e como isso pode ser relevante para a sua marca pessoal.

Respeite a diversidade: vivemos em um país muito rico em cultura, crenças e perspectivas. Evite comportamentos ofensivos e excludentes.

Seja profissional: independentemente do contexto, é importante manter o comportamento profissional. Lembre-se do que conversamos: você é um produto, e a sua marca pessoal é importantíssima para você atingir seus objetivos. Por isso, utilize o comportamento profissional para transmitir credibilidade e confiança.

Por fim, um lembrete: a verdade é que não saímos por aí com o currículo estampado na testa. Apesar de dura, essa é uma constatação indiscutível, pois nos mostra que tudo afeta e influencia a nossa marca pessoal.

Sendo assim, vou propor um exercício. A partir dos seis itens comportamentais que vimos ao longo do capítulo, quero que você dê uma nota de 1 a 5 a cada um deles e analise, assim, a sua situação atual. O 1 representa "preciso melhorar muito" e o 5 significa "estou muito bem nesse item".

1. O poder do "não": ____.

2. Olhe nos olhos: ____.

3. Cuidado com os gestos: ____.

4. Sorriso e simpatia, seriedade e assertividade: ____.

5. Espelhamento e pertencimento: ____.

6. Comportamento com a audiência: ____.

Agora, quero que você ataque as três principais áreas que precisam de melhoria com um plano de ação que executará daqui em diante. Exemplo: caso a sua nota seja 1 para contato visual, faça dez minutos diários de exercício com um amigo ou familiar.

Área em que preciso melhorar | Plano de ação:

____

____

____

____

____

____

Tudo afeta e influencia a nossa marca pessoal.

@biancaladeia

Área em que preciso melhorar | Plano de ação:

____

____

____

____

____

____

Área em que preciso melhorar | Plano de ação:

____

____

____

____

____

____

Coloque em prática os planos de ação e cuide de todas as pontas do seu comportamento. Assim a sua marca pessoal evoluirá cada vez mais!

CAPÍTULO 6

POSTURA PODEROSA

Entender sobre postura vai muito além de aprimorar esse pilar para melhorar a aparência. Pode influenciar toda a construção de sua reputação. Não existe nada mais desestimulante – e possivelmente com tendência ao fracasso – do que ter um produto bom, mas que é apresentado em uma embalagem ruim. Apesar de ser uma comparação diferente, a postura é um dos elementos que nos faz estar ou não em uma "embalagem" poderosa.

Quero que você pense em algumas personalidades que conhece e admira. O que elas têm em comum? Demonstram confiança e poder ou adotam posturas mais retraídas e transparecem insegurança? Será que a postura delas nos ambientes que frequentam contribui para a melhora da imagem em termos gerais? No meu caso, as pessoas mais influentes que conheço dominam a arte da boa postura.

Quando procuramos no dicionário o termo "postura", encontramos o seguinte:

Pos.tu.ra

Sf.

1. Posição do corpo ou de parte dele, aspecto físico;

2. Maneira de andar, de se locomover, de se comportar;

3. Posicionamento ou ponto de vista;

4. Atitude, modo de agir;

5. Indivíduo de boas maneiras no trajar e no comportamento.[22]

Essa definição engloba tudo o que quero abordar neste capítulo, mas, em primeiro lugar, vamos falar do aspecto físico.

TENHA POSTURA E SINTA-SE MELHOR

Começando com a provocação de alguém já ter lhe dito para melhorar a postura à mesa e passando pela análise de como o posicionamento do corpo sentado ou em pé é a base para cada movimento que se faz e que pode contribuir para – ou até mesmo determinar – o modo como o corpo se adapta à pressão exercida sobre nós, o TED *The Benefits of Good Posture* explica também que a má postura, que em um primeiro momento parece tão simples, pode influenciar o estado emocional e até mesmo a sensibilidade à dor.[23]

Isso significa que percebemos a dor com mais intensidade quando temos posturas inadequadas, e isso acontece porque a postura influencia diretamente a maneira como nos sentimos em relação a nós mesmos. O estado emocional, isto é, estar feliz, triste, frustrado, sentindo-se poderoso ou fracassado, é resultado também da maneira de se portar em todos os ambientes. Seja em casa,

---

22. POSTURA. *In*: iDICIONÁRIO Aulete. Rio de Janeiro: Lexicon, 2019. Disponível em: https://www.aulete.com.br/postura. Acesso em: 30 jun. 2023.

23. OS BENEFÍCIOS da boa postura – Murat Dalkiniç, 2015. Vídeo (4min 26s). Publicado pelo canal TED-Ed. Disponível em: https://www.youtube.com/watch?v=OyK0oE5rwFY. Acesso em: 30 jun. 2023.

apenas assistindo televisão, ou em reuniões, congressos, eventos etc. Isso significa que, se você está hoje em um daqueles dias ruins, sentindo-se mal, triste e frustrado, pode tentar melhorar esse humor apenas ajustando sua postura. Faça esse exercício; a tendência é que você se sinta melhor.

Além disso, caminhar com a postura adequada é sinônimo de elegância, nos ajuda a seguir com mais graciosidade e a transmitir uma presença notória. Para a saúde, além de benefícios como melhora da respiração, alinhamento correto das articulações, menor tensão muscular e promoção de uma coluna saudável, a boa postura é sinônimo de confiança, autoestima e boa aparência, elementos imprescindíveis para a construção de uma marca pessoal poderosa.[24]

Antes de avançarmos para os outros itens da definição, quero que você faça uma pausa para analisar a sua postura. Não sei se está lendo este livro deitado na cama, enquanto espera ser chamado em uma consulta médica, na poltrona ou no sofá de casa, aguardando uma reunião importante, ou até mesmo utilizando essa leitura como tempo de estudo produtivo, mas faça uma pausa por um momento.

Para estar consciente de sua postura, quero que você vislumbre o topo da sua cabeça. Levante o rosto em direção ao que está na sua frente e relaxe os ombros. Mantenha a coluna reta e respire profundamente. Expanda o peito e expire. Essa é a postura ideal e adequada, que transmite confiança e poder.

Apesar de ser um exercício simples, esse tipo de adequação ajuda a perceber o centro do corpo, a própria estrutura e como

24. WHY posture is everything. **Posture Dynamics**. Disponível em: https://posturedynamics.co.uk/why-posture-is-everything/. Acesso em: 30 jun. 2023.

devemos nos portar. Postura adequada é sinônimo de confiança, e com confiança conseguimos passar autoridade. Consequentemente, melhoramos a nossa reputação e alavancamos nossa marca pessoal. É uma relação ganha-ganha para você.

Caso sinta que sua postura é um ponto a melhorar, sugiro que procure um profissional que possa ajudar você a manter-se reto e bem-apresentado, talvez um médico especialista e um fisioterapeuta. Existem também atividades físicas que ajudam a melhorar e aprimorar a postura, como alongamento, pilates, ioga, musculação e alguns tipos de dança, como balé.[25]

Uma das minhas mentoradas passou por um processo com um fisioterapeuta e fez exercícios específicos que a ajudaram a melhorar a postura. Depois de alguns meses, ela me contou que essa adaptação fez diferença até na autoconfiança durante reuniões importantes da sua empresa. No longo prazo, sua reputação melhorou tanto com o time quanto com parceiros.

No curso Imersão em Imagem, gosto de falar para os alunos que a postura influencia a maneira como nos enxergamos. Não é uma surpresa, mas, sempre que menciono esse assunto, percebemos todas as pessoas ajustando a maneira como estão sentadas na cadeira.

Por isso, não deixe que a sua postura seja um impeditivo para melhorar a sua imagem pessoal e atingir os seus objetivos. Cuide desse ponto com a mesma dedicação que destina a todos os outros. Com certeza isso fará diferença no resultado.

---

25. CONHEÇA 6 exercícios que podem melhorar a postura corporal. **Gympass**, 27 jan. 2020. Disponível em: https://gympass.com/pt-br/blog/fitness/postura-corporal/. Acesso em: 03 jul. 2023.

POSTURA ALÉM DA POSIÇÃO CORPORAL

Como vimos nos pontos 3 e 4 da definição de postura, ela não está relacionada apenas ao modo como posicionamos o corpo, mas também a posicionamento, ponto de vista, atitudes e modos de agir. Isso nos mostra que, intrinsecamente, ela está ligada às nossas ações nos círculos sociais, ou seja, a nossas atitudes, perspectivas e abordagens diante de situações, ideias e pessoas diferentes.

Manter uma postura adequada no âmbito pessoal e profissional envolve, portanto, entender melhor o que você faz, como funciona o seu nicho, e adequar o seu comportamento de acordo com as especificidades desse meio. Caso você seja uma pessoa do mercado de marketing digital, por exemplo, existem regras não ditas que fazem parte desse meio. No mercado de vendas, as regras são outras. E assim por diante. São muitas possibilidades. E não estou falando que você deve se comportar exatamente como as outras pessoas, mas que deve adequar sua postura para conseguir transitar nesses meios de modo que seja visto como autoridade.

Em geral, falo para os meus clientes que ter a postura adequada é manter a mente aberta e flexível considerando diferentes pontos de vista, ser receptivo a novas ideias e se adaptar às circunstâncias. Significa também assumir uma posição firme quando necessário. Lembra que falamos sobre o poder do "não" no capítulo anterior? A postura adequada é a ferramenta que permite falarmos "não" quando necessário. Ao expressarmos um ponto de vista, é importante nos mostrarmos assertivos e confiantes, pois só assim seremos ouvidos e levados a sério e contribuiremos para uma comunicação efetiva e influente.

Em resumo, a postura no quesito comportamento fala de posicionar-se profissionalmente, não importando a situação, seja em ambientes descontraídos, seja com a sua audiência. Vamos a alguns pontos fundamentais sobre esse assunto.

1. **Mostre que é competente:** como já sabemos, confiança é fundamental para a reputação profissional, ou seja, é importante que você não só saiba que é competente, mas mostre isso a partir de seu conhecimento e suas habilidades.

2. **Aposte na boa comunicação:** a boa comunicação também é sinônimo de postura adequada. Nós nos aprofundaremos no assunto durante o capítulo 7, mas já adianto aqui para que você saiba que precisa cuidar desse aspecto.

3. **Transmita segurança:** sabe aquela história que sempre contam sobre "se está com medo, vai com medo mesmo"? Essa é uma das maiores mentiras que circulam por aí. Não vai com medo, não. Insegurança tem cheiro ruim, e pessoas seguras são mais bem-sucedidas. Ao pensar em postura – e como complemento do item anterior –, quero que você pense que é primordial transmitir segurança não apenas em sua fala, mas na maneira como anda, se veste, se porta e se movimenta. Por isso, prepare-se antes de transitar ou se apresentar em qualquer situação.

4. **Você é autoridade:** para transmitir uma imagem pessoal poderosa é necessário assumir o protagonismo dos resultados que produz. Sem falsas modéstias. Ao ter essa consciência,

com certeza se elevará a percepção de autoridade que os outros têm de você.

5. **Seja referência:** por fim, como consequência, ao conectar todos esses elementos, temos o resultado de uma marca poderosa e que chamará atenção do mercado.

6. **Cuide da postura em todos os ambientes:** somos observados praticamente o tempo todo. Ao sair de casa ou postar algo nas redes sociais, estamos sendo observados. Isso significa que cuidar da postura em todos os ambientes é importante para comunicar sempre a mesma mensagem.

Em resumo, ter uma boa postura é mais do que apenas sentar-se ereto em uma reunião de negócios. Comporte-se bem, inspire segurança e autoconfiança. Você é competente, mas precisa mostrar isso não apenas com o seu visual e com o seu comportamento, mas também na forma como age nos meios em que transita. Esse elemento é fundamental!

ETIQUETA NUNCA SAI DE MODA

Para fechar o capítulo, quero falar do último ponto da definição de postura: "5. Indivíduo de boas maneiras no trajar e no comportamento". O que são boas maneiras? Em outras palavras, é a famosa (e polêmica) *etiqueta*.

Como vimos, a etiqueta é um conjunto de normas sociais que orientam nosso comportamento e nossas interações. Essas normas descrevem maneiras aceitas de agir em diferentes situações e contextos, orientando como demonstrar respeito, consideração e cortesia.

Essas normas, que passaram por diversas das mais antigas civilizações, são costumes que ganharam notoriedade na corte francesa de Luís XIV, conhecido também como O Grande, ou Rei Sol. Naquela época, era comum "etiquetar" e identificar os visitantes de acordo com nomes, sobrenomes e títulos de nobreza. Existem outras vertentes que dizem que a etiqueta vem do termo francês *étiquette*, originário de *ethos* (ou ética, em grego), como outra maneira de falar sobre respeito e reflexão em relação aos atos cotidianos. Outro modo de explicar seria trazer a esse conceito a necessidade de deixar as "vulgaridades" de lado. Essas regras, no entanto, só ganharam força e presença a partir da Renascença, durante o século XV.[26]

Vale reforçar ainda que a etiqueta muda de acordo com o contexto, ou seja, o que é visto como bons modos aqui no Brasil não necessariamente o é em outros países. E isso acontece porque a etiqueta está relacionada à cultura. Entretanto, o ponto que nos interessa aqui é o de agir de acordo com a boa educação para projetarmos a nossa imagem pessoal da melhor maneira possível. Já vi – e ainda vejo – muitos conteúdos que afirmam que etiqueta está fora de moda, contudo, esse conjunto de regras fala de educação, e educação jamais sai de moda, como eu já havia dito.

---

26. FRAGA, O. Qual a origem das regras de etiqueta à mesa? **Superinteressante**, 24 maio 2013. Disponível em: https://super.abril.com.br/mundo-estranho/qual-a-origem-das-regras-de-etiqueta-a-mesa. Acesso em: 30 jun. 2023.

Como exercício de reflexão, pense que essas normas abrangem variadas áreas, desde a etiqueta à mesa até a etiqueta no local de trabalho, em eventos sociais e com a sua audiência. Cada contexto exige uma postura e um comportamento adequado, então tenha isso em mente. Se tiver dúvidas, a boa educação é sempre a melhor saída. Não tenha vergonha de perguntar caso não saiba o que é necessário em determinada situação.

Para fecharmos, quero trazer a palavra *consciência* como parte fundamental deste capítulo. Para ter boa postura, é necessário consciência: consigo mesmo, com seus gestos, seus comportamentos, suas ações, com a maneira como anda, fala, movimenta braços e pernas. Para que tudo isso seja poderoso, é preciso consciência.

Agora vou abordar um assunto que adoro e que é primordial para marca pessoal: oratória. Pronto para a próxima página?

CAPÍTULO 7

DOMINE A ORATÓRIA

Vivemos em um mundo dominado pela linguagem falada, e falar bem tem se tornado uma habilidade cada vez mais indispensável para profissionais de todas as áreas. Seja para uma apresentação, uma reunião, uma venda, lidar com clientes e parceiros, seja para dar palestras, falar com a audiência nas redes sociais, melhorar o networking para gerar mais conexões e, consequentemente, mais resultados. O fato aqui é que a comunicação é uma habilidade que não podemos mais deixar passar despercebida. Hoje, quem se comunica bem está com a vantagem.

E para que você possa entender melhor a importância desse tema e utilizar a comunicação a seu favor, seja com a sua audiência, clientes ou parceiros, saiba que é a oratória a ferramenta que o fará passar uma mensagem clara, concisa e persuasiva. Mas o que é a oratória, afinal?

A oratória é um conjunto de técnicas que ajudarão você a construir a sua comunicação de modo mais envolvente e convincente a partir de práticas e ferramentas que favorecem o interlocutor. Para o filósofo, educador e escritor escocês George Campbell,[27] existem quatro objetivos para que a oratória funcione. São eles:

27. ORATÓRIA: guia completo de técnicas para falar bem em público. **FIA Business School**, 5 ago. 2019. Disponível em: https://fia.com.br/blog/oratoria/. Acesso em: 04 jul. 2023.

1) Instigar a imaginação

2) Favorecer a compreensão

3) Despertar a paixão

4) Influenciar a determinação

Em outras palavras, oratória é a habilidade desenvolvida para falar em público de modo claro, persuasivo e impactante. É expressar-se diante de uma audiência com o objetivo de transmitir ideias, ensinar, persuadir, informar ou entreter. Vale reforçar que essa competência engloba não apenas a linguagem verbal, mas também a linguagem corporal, a entonação, o ritmo, o tom de voz (e o volume), a postura e os gestos, isto é, com a prática da oratória, temos o conjunto de adequações cujo objetivo é melhorar a sua marca pessoal ao se comunicar bem. É uma ferramenta poderosa, pois é a partir dela que conseguimos capturar a audiência de modo assertivo e encantador, engajando e gerando clareza. Dominar a oratória nos ajuda a impulsionar a imagem, a influência e a reputação.

Como em diversas outras áreas e com outras competências, nem sempre a oratória é utilizada apenas para promover o bem. Sobre isso, quero contar duas histórias.

PARA O BEM OU PARA O MAL: O USO DA ORATÓRIA

Martin Luther King Jr. foi um líder dos direitos civis nos Estados Unidos, entre as décadas de 1950 e 1960, e se tornou uma das pessoas mais influentes na luta pela igualdade de direitos para todos os cidadãos norte-americanos e contra a discriminação racial.

Entre seus atos políticos, o discurso "I Have a Dream" [Eu tenho um sonho, em tradução livre],[28] feito em Washington DC para mais de 250 mil pessoas, ficou conhecido mundialmente por ser um dos momentos mais poderosos e impactantes da história da humanidade. Ali, ele falava em favor da igualdade racial, da integração e da justiça social, e nos deixou um exemplo brilhante de como as técnicas de oratória podem ser empregadas para transmitir uma mensagem poderosa.

Esse discurso não ficou apenas conhecido por ter sido um dos mais impactantes de todos os tempos; ele é estudado por entusiastas da arte da oratória para que as técnicas sejam replicadas com audiências diversas. Temos ali a receita de uma comunicação que encanta: voz intensa, dicção clara, pausas estratégicas, palavras específicas enfatizadas nos momentos corretos, coerência na apresentação das ideias e, principalmente, paixão pelo que é dito.

A partir desse discurso, Martin Luther King Jr. mudou a história e o futuro dos Estados Unidos. Um ano depois, em 1964, com apenas 35 anos, conquistou o prêmio Nobel da Paz.[29] Esse

28. FUKS, R. Discurso I Have a Dream, de Martin Luther King: análise e significado. **Cultura Genial**. Disponível em: https://www.culturagenial.com/discurso-i-have-a-dream-de-martin-luther-king/. Acesso em: 04 jul. 2023.

29. EM 1964, Martin Luther King ganhou o prêmio Nobel da Paz, aos 35 anos de idade. **Câmara dos Deputados**, 10 dez. 2012. Disponível em: https://www.camara.leg.br/radio/programas/391645-em-1964-martin-luther-king-ganhou-o-premio-nobel-da-paz-aos-35-anos-de-idade/. Acesso em 05 jul. 2023.

é um ótimo exemplo de como a oratória pode ser uma peça fundamental no quebra-cabeça da comunicação de impacto. Mas vamos a outro exemplo.

Adolf Hitler era líder do Partido Nacional Socialista dos Trabalhadores Alemães, também conhecido como Partido Nazista. Comandando a nação alemã durante a Segunda Guerra Mundial, Hitler utilizou as ferramentas da comunicação e da oratória para convencer pessoas e promover uma série de atrocidades, como o assassinato de 6 milhões de judeus, o Holocausto e a perseguição e opressão de outras minorias, como imigrantes, ciganos, homossexuais e pessoas com deficiências físicas.

Em seus discursos, ele apostava em uma linguagem simples e clara, o que o diferenciava de outros políticos da época. Essa técnica com certeza foi uma arma poderosa que conquistou multidões e levou o seu discurso de ódio a ser comprado pela nação.[30]

Hitler utilizava técnicas como silêncio e pausa, elevação do tom de voz, empolgação e ênfase em determinados pontos do discurso para que a plateia se sentisse envolvida. Paixão e poder eram facilmente percebidos e, para que pudesse analisar a performance durante a comunicação, ele contratava um fotógrafo que fazia registros para que pudesse ver o seu desempenho não verbal a partir de suas poses e seus movimentos. Assim, ele poderia aprimorar mais a persuasão e o convencimento.[31]

---

30. AVENTURAS na História 6: O tétrico discurso de Hitler. São Paulo: Editora Perfil, mar. 2022. *Podcast*. Disponível em: https://open.spotify.com/episode/5rdEjaOHw5B8bS0yRFy40n. Acesso em: 05 jul. 2023.

31. SEJA bem-vindo à geração dos comunicadores inesquecíveis. **The Speaker**. Disponível em: https://thespeaker.com.br/oratoria-hitler/. Acesso em: 05 jul. 2023.

Como conclusão, é possível compreender que a oratória é treinável e pode ser utilizada para o bem e para o mal. O meu objetivo neste capítulo é mostrar que, com *intencionalidade*, atitude sobre a qual falamos constantemente ao longo do livro, você pode melhorar a sua oratória para promover a sua influência e, como consequência, alcançar os seus objetivos.

INFLUENCIAR, PERSUADIR E CONVENCER

Nicholas Boothman, autor de *Como convencer alguém em noventa segundos*,[32] fala que temos nos primeiros instantes de uma interação o fator decisivo para que a comunicação seja efetiva e para convencermos alguém.

> Os primeiros noventa segundos de qualquer encontro não são apenas um momento para causar uma boa impressão. Nos primeiros instantes de qualquer reunião, você se conecta com os instintos e a essência da pessoa, com suas respostas intrínsecas. [...] Há uma ordem e um processo para conectar-se com os outros: primeiro você estabelece confiança com os instintos básicos, em seguida estabelece harmonia com a personalidade. O que resulta é um relacionamento, e todos os relacionamentos oferecem possibilidades infinitas.

32. BOOTHMAN, N. **Como convencer alguém em noventa segundos**: crie uma primeira impressão vendedora. São Paulo: Universo dos Livros, 2012.

Indo além da comunicação eficaz para reuniões, quero trazer a reflexão de que podemos (e devemos) usar a oratória para influenciar, persuadir e convencer. Ao nos conectarmos com alguém, como Boothman menciona, criamos um relacionamento, mostramos que entendemos as dores e os problemas de quem está nos ouvindo, e assim é possível estabelecer uma aliança duradoura. Seguindo essa lógica, as possibilidades são infinitas.

Portanto, vamos abordar agora outros elementos fundamentais para dominar a oratória e alavancar a sua marca pessoal. São eles:

1. Conheça a sua audiência

2. Preparação é tudo

3. Tenha ritmo

4. Cuide da entonação e da pronúncia

5. O poder da síntese

6. Storytelling faz a diferença

7. Saiba lidar com os imprevistos

8. Evite justificativas

1. Conheça a sua audiência

Faz muita diferença entender quem é o seu público-alvo, em qual nicho você atua, como essas pessoas se comunicam e como recebem as informações. Vamos a um exemplo?

Quando estou dando aula e falando com empresários, utilizo cases que fazem sentido para esse público. Com os meus mentorados, procuro sempre utilizar uma linguagem que se conecte com o nicho em que atuam. Durante a imersão, adapto a linguagem para que seja simples e clara e transmita o conteúdo a fim de que os alunos desenvolvam os pilares do projeto de imagem. Neste livro, estou fazendo adaptações do conteúdo falado para o conteúdo escrito, assim você poderá transformar a sua vida a partir do que está encontrando aqui. Percebe a qual objetivo quero chegar? Comunicar-se adequadamente com o público é fundamental.

Durante uma de minhas imersões, determinado aluno contou que é artista e seu maior número de vendas é para pilotos de avião. Ao lidar com a barreira da comunicação no início da carreira, ele decidiu fazer um curso específico sobre aviões e entender melhor o maquinário para se comunicar com efetividade. Será que foi loucura se aprofundar tanto assim ou foi inteligência ao aprimorar o seu trabalho? Com certeza, a segunda opção.

Gustavo Ferreira, autor best-seller do livro *Gatilhos mentais* diz que: "Quando você monta sua comunicação, lembre-se que é sempre sobre seu cliente e o que ele ganha, e não sobre você".[33]

Ao comunicar-se e pensar em oratória, siga à risca esse conselho. É imprescindível ter em mente que a comunicação não deve ser direcionada a você, mas ao outro, ao seu público. Ele precisa saber o que vai ganhar com o que está sendo dito, seja um benefício palpável ou conhecimento adequado em relação ao tema apresentado. Conhecimento é poder. E comunicar-se de modo correto com quem está do outro lado amplifica essa habilidade.

2. Preparação é tudo

O mundo pertence aos preparados. Lembra-se de quando falamos no capítulo anterior que insegurança tem cheiro ruim? Pois é.

---

33. FERREIRA, G. **Gatilhos mentais**: o guia completo com estratégias de negócios e comunicações provadas para você aplicar. São Paulo: DVS, 2019. *E-book*.

Para a oratória, preparar-se é um dos pontos fundamentais para que você se comunique melhor e transmita segurança em sua fala.

Estude o que deve falar e apresentar. Se for gravar um vídeo na internet, por exemplo, você tem infinitas possibilidades de gravar novamente até que o resultado seja o esperado. E essa é uma das grandes vantagens de gravar vídeos atualmente: você só mostra o que quer. Não precisa postar se não estiver bom.

Em relação às apresentações ao vivo, a minha indicação é que você estude muito, treine e pense em tudo o que precisa ser dito para estar 100% preparado. Por isso, use e abuse dessa ferramenta.

3. Tenha ritmo

O ritmo está relacionado a dois elementos fundamentais: a fala e os movimentos. Ter ritmo ajuda a transmitir a sua mensagem de maneira fluente, cativante e envolvente, tornando mais fácil para as pessoas acompanharem e compreenderem o que está sendo dito, além de manterem a atenção por mais tempo. Ter ritmo é ter o controle consciente do que falamos e de como nos movemos.

Para aprimorar essa técnica, vamos analisar quatro conceitos importantes: velocidade, movimento, ênfase e pausas estratégicas.

Velocidade

Já conversou com alguém que falava rápido demais e não o deixava acompanhar o que era dito? Ou já esteve na companhia de alguém que falava muito devagar e você se desconectava?

Pessoas que falam muito aceleradamente passam a impressão de que estão nervosas e correm o risco de atropelar os próprios pensamentos. É comum até mesmo errarem palavras, perderem a linha de raciocínio ou deixarem buracos na comunicação. Ao pensar em oratória, imagine o caminho do meio, do equilíbrio entre a fala rápida demais e a devagar demais.

Falar em boa velocidade passa a impressão de que somos mais inteligentes, pois, com pausas e boa dicção, é como se de fato pensássemos antes de falar. E pessoas que pensam antes de falar são mais inteligentes.

Por isso, cuidar da velocidade – e manter o ritmo certo – é fundamental, pois é importante encontrar um equilíbrio que permita que as palavras sejam compreendidas com clareza, sem gerar tédio nem sobrecarga de informações.

Movimento

Algumas pessoas, ao subirem no palco ou gravarem vídeos, ficam como estátuas. Talvez você já tenha se dado conta disso, e assistir a alguém que está completamente parado é muito cansativo.

Sendo assim, imagine que a sua fala deve estar conectada ao seu movimento corporal. A mesma ênfase que você coloca na voz precisa estar em seu corpo também, ou seja, a movimentação deve acompanhar o que você está falando. Entretanto lembre-se de não se movimentar em excesso e transmitir uma mensagem de ansiedade, apenas adequar os movimentos para que acompanhem a comunicação.

Ênfase

Outro atributo essencial na comunicação é dar ênfase a pontos importantes. Ao apresentar algo, você pode, por exemplo, enfatizar com o tom de voz palavras ou frases específicas, gerando, assim, impacto e curiosidade nas partes mais relevantes do seu discurso.

Pausas estratégicas

Ao apresentar algo, faça pausas nos momentos em que quiser destacar informações, permitindo que as pessoas consigam absorver o que é dito e criando expectativa com o que virá a seguir.

Se ficar com dúvida sobre como aplicar essas ferramentas na oratória, treine antes de apresentar. Treinar na frente do espelho é um ótimo exercício. Você pode até mesmo provar a roupa que vai usar em uma palestra ou em um vídeo e validar em frente ao espelho quais são as melhores poses que funcionam com essa roupa, como você se movimenta, como segura o microfone etc. Ao fazer isso, vai se sentir mais confiante – sem contar que é um ótimo insight para quem não tem facilidade de falar em público. Com o tempo, essas habilidades virão naturalmente.

4. Cuide da entonação e da pronúncia

Tudo o que se fala é recebido com o peso da entonação que colocamos nas palavras. Até mesmo quando damos uma notícia ruim. Se dermos ênfase demais, o outro notará um peso muito maior.

Sendo assim, entonação é a modulação da voz para passarmos emoções específicas de acordo com o que é falado, como convicção, entusiasmo, calma, humor e autoridade. Se quisermos trazer urgência para o que é dito, basta aumentar o tom de voz e dar ênfase a determinadas palavras. Se quisermos transmitir calma, por outro lado, podemos utilizar uma entonação mais suave.

Cuide também da pronúncia. Mova os lábios para que as palavras sejam percebidas e tenham uma dimensão maior. A dicção é fundamental para a oratória de uma marca pessoal poderosa.

Caso tenha dificuldades, busque um profissional fonoaudiólogo para praticar exercícios específicos que ajudam na sua comunicação.

5. O poder da síntese

Sintetizar é tirar o ruído da comunicação. Tudo o que é "extra", que está sobrando, é ruído. E é muito difícil conversar com alguém que traz muitos ruídos na fala e é prolixo. Você já passou por isso?

Caso não saiba, ser prolixo é não seguir uma linha de raciocínio. Um discurso prolixo enrola, chateia, fica sem conclusão, vai e volta diversas vezes e se torna repetitivo. Para que isso não aconteça, gosto de apresentar o poder da síntese. E sintetizar nada mais é do que resumir e ser objetivo. Ir direto ao ponto. Concentrar a fala no que é efetivamente importante, sem floreios ou rodeios.

Quando estiver treinando uma apresentação, por exemplo, pratique o poder da síntese. Primeiro, apresente o que precisa ser dito e calcule o tempo que levará. Depois, imponha-se um desafio: divida esse tempo pela metade e tente sintetizar as ideias chegando ao *core* do que precisa ser passado. Se quiser, vá além: diminua mais o tempo e veja como consegue apresentar com objetividade apenas o que é importante.

Em resumo, fale o que o outro precisa ouvir sem ruídos de comunicação. Isso é sintetizar e cuidar para que a fala seja clara e vá direto ao ponto. O poder da síntese é fundamental para uma oratória de sucesso!

6. Storytelling faz a diferença

Você já ouviu falar de *As mil e uma noites*?

Schahriar, que era rei, descobre que a esposa o traía. Certa noite, ele a mata no palácio. Desse dia em diante, por ter sua confiança abalada, decide que não manteria mais nenhuma esposa viva para além da noite de núpcias. O medo e o pânico se instauram no reino, pois todos temem pelo dia em que o rei desposará suas filhas e as matará.

Sherazade, uma mulher bela e inteligente, decide se casar com o rei e monta um plano para que ele não a mate na noite de núpcias. E assim ela faz: todos os dias, antes do amanhecer, ela conta uma história tão envolvente para o rei que ele fica curioso pela continuação e a deixa viver. E assim os dias seguem até o último, quando o rei, ainda preso pelas narrativas de Sherazade, desiste de executá-la.[34]

Nas histórias que contava, Sherazade com certeza utilizava o storytelling, ou seja, a habilidade de contar uma história com um enredo elaborado e uma narrativa envolvente, usando todos os recursos para que esse momento seja poderoso, impactante e transformador. Vamos a alguns elementos que podem ser utilizados.

34. AS MIL e uma noites. **Infopédia**. Disponível em: https://www.infopedia.pt/apoio/artigos/$as-mil-e-uma-noites#. Acesso em: 05 jul. 2023.

Estrutura narrativa

Existe uma estrutura básica que pode ser colocada em todas as narrativas: introdução, desenvolvimento, clímax e conclusão. Sempre que for fazer uma palestra, apresentar um produto, preparar-se para uma reunião de negócios ou subir um vídeo na internet, você pode utilizar essa estrutura para facilitar o que é apresentado e gerar clareza no assunto.

Ganchos emocionais

Aqui quero que você tente incorporar em sua fala aspectos emocionais relacionados ao que está sendo contado. Humor, suspense, tristeza e esperança podem ser atributos poderosos dependendo do conteúdo que você precisa apresentar.

Conecte a partir da experiência

Utilize sua experiência e sua autoridade para se conectar com quem está recebendo a sua mensagem. Nossas experiências pessoais geram credibilidade e autenticidade e criam empatia.

Elemento surpresa

Por último, temos o elemento surpresa, que nada mais é do que suprimir uma informação de modo a gerar suspense e prender a atenção de quem está do outro lado. Criar expectativa é promover o inesperado, e essa técnica desperta curiosidade.

Ao planejar e utilizar o storytelling em sua oratória, sempre cuide do interesse do interlocutor. Histórias que utilizam o storytelling são mais fáceis de serem lembradas no longo prazo.

7. Saiba lidar com imprevistos

Lidar com imprevistos é inevitável, e é importante que você entenda que eles vão acontecer. Fique calmo, não transpareça insegurança, siga seu objetivo/foco principal e, se ainda assim tiver dificuldades de responder, a honestidade é sempre um ótimo remédio.

Somos seres humanos, não somos perfeitos. Ninguém é obrigado a saber tudo, então, se levantarem uma dúvida para a qual você não sabe a resposta, pare, respire e responda: "Ótima pergunta. Não sei a resposta agora, mas vou estudar e depois dou um retorno a você". Se não souber, mesmo que seja um assunto da sua especialidade, não sinta vergonha de falar que vai estudar e responder depois.

Não temos respostas prontas para tudo, e aprender é sempre uma habilidade memorável; por isso, fique tranquilo ao lidar com os imprevistos que aparecerão.

8. Evite justificativas

Já parou para pensar que pedir desculpas é quase falar: "Por favor, tire a culpa de mim"? Se tem um compromisso e chega atrasado, por exemplo, não existe justificativa, porque o nosso tempo não é melhor que o de ninguém (afora exceções e emergências graves), então a melhor maneira de contornar uma situação como essa é: "Obrigado(a) por ter me aguardado. Sei que estou atrasado e agradeço o seu tempo".

Isso nos mostra que até a maneira de pedir desculpas influencia o modo como os indivíduos recebem o que estamos falando. E não existe nada mais chato do que ficar ouvindo justificativas infinitas para erros que poderiam ser evitados. Por isso, se as coisas não saírem como planejado, evite as justificativas. Errou? Peça desculpas, encerre o assunto e lembre-se: a abordagem faz toda a diferença. Esse pode ser um dos recursos mais poderosos para a contenção de polêmicas.

E assim chegamos ao fim do capítulo. Aqui falamos de todos os pontos que vejo como primordiais em relação à oratória, e quero que você volte aqui sempre que necessário.

Nessa etapa, fechamos os pilares do método que falam exclusivamente sobre a própria pessoa; a partir daqui vamos expandir e abordar a marca pessoal em relação ao que é exterior aos comportamentos e às decisões individuais. Avançamos, assim, para construir times que propagarão a sua marca pessoal poderosa.

CAPÍTULO 8

TIME, A EXTENSÃO DA MARCA PESSOAL

Quero começar com uma verdade incontestável que nos guiará a partir daqui: *o seu time precisa ser a extensão da sua marca pessoal*. Poderoso, não é mesmo? Mas se você leu isso e ficou com a sensação de que precisará demitir todos os seus funcionários, sendo uma empresa pequena ou grande, fique calmo. Essa não é a intenção.

Ao falar de time sob o viés da marca pessoal, refiro-me ao alinhamento entre empresa e pessoas em relação a atendimento, comportamento, roupa, estética, apresentação, fala, comunicação etc. Ter um time alinhado com a sua marca pessoal conecta todas as pessoas para que você seja bem representado. Para exemplificar melhor essa questão, quero contar uma história da minha trajetória como empresária.

MEU TIME, MINHA EXTENSÃO

Ao longo de onze anos gerindo a marca Bianca Ladeia, construí a minha empresa e a minha metodologia com muita dedicação, trabalho duro, intencionalidade e disciplina. Não foi fácil, mas com certeza foi recompensador. E não posso deixar de mencionar que essa construção passou pelo trabalho e pela assistência de diversas pessoas maravilhosas que trabalharam comigo ao longo dos anos. Foram muitos aprendizados. Mas só quando entendi que o meu time precisa estar completamente alinhado comigo, com os meus valores e com a minha personalidade, foi que consegui avançar e errar menos nas contratações.

O seu time precisa ser a extensão da sua marca pessoal.

Uma das tarefas individuais que minhas consultoras de imagem têm é fazer compras com o cliente em shopping para adequar o visual de acordo com os objetivos de marca pessoal. Vimos e falamos sobre esses ajustes no visual no capítulo 4. Nesse processo, a consultora de imagem vai até as lojas com o cliente, indica peças alinhadas com o estilo e os objetivos de cada um e as compras são feitas seguindo uma proposta.

Nesse processo, ao longo dos anos, já tive consultoras de imagem que precisei desligar por falta de alinhamento. E veja bem: a questão não era técnica, pois elas possuíam todas as *skills* necessárias para fazer o trabalho (e muito bem-feito), contudo, não estavam alinhadas com a personalidade da Bianca. *Mas o que isso quer dizer?*, você pode estar se perguntando.

Sou uma mulher muito dinâmica e confiante. Em muitos momentos, posso ser mais áspera, um tanto dura, ríspida, e não existem meias-palavras comigo. Tenho um jeito mais incisivo, essa é a verdade. Mas, acima de tudo, sou muito confiante. Transbordo confiança em tudo o que faço porque acredito no meu trabalho e no que entrego. Isso significa que, se alguém no meu time não passa essa mesma confiança e dinâmica, meus clientes, que já estão acostumados com o meu jeito, acabam se sentindo inseguros e voltam para pedir opiniões. Em outras palavras, tenho retrabalho.

No fim das contas, com algumas consultoras de imagem, era isso que acontecia. Elas eram muito competentes, mas não transmitiam a mesma confiança que eu transmito, e isso fazia os meus clientes ficarem em dúvida quanto ao que deveria ou não ser seguido. E foi assim que entendi que quem trabalha ao meu lado precisa me representar perante os meus clientes, oferecendo um trabalho alinhado com os meus valores e com a minha personalidade. Essas pessoas precisam gerar experiências iguais – ou muito parecidas – com as que eu geraria se estivesse atendendo a cada um individualmente.

No meu caso, o problema era que os clientes não faziam nada sem passar pela minha aprovação. No seu, é possível que esteja perdendo parcerias ou oportunidades. A lista de possibilidades é infinita, mas o fato é que o time precisa ser a extensão da marca pessoal.

Será que isso significa, entretanto, que em uma empresa com trezentos funcionários, na qual temos departamento administrativo, de tecnologia da informação, financeiro etc., todos precisam representar a sua marca pessoal? Não! E é a esse ponto que quero chegar.

Quando falo sobre time e extensão de marca, imagine que o objetivo é olhar para as pessoas que, no fim das contas, representam você com colaboradores, clientes, parceiros, sócios, fornecedores etc. É dessas pessoas que precisamos falar. Então fique tranquilo e não sinta que precisa demitir a equipe inteira, principalmente se você for dono de uma empresa grande. O objetivo aqui é olhar para quem nos representa com os clientes.

E sabe quais são os pilares para os quais precisamos olhar? Falaremos sobre eles a partir de agora.

TIME PODEROSO E ALINHADO COM A SUA MARCA PESSOAL

Imagine uma situação; caso não tenha passado por nada parecido, é provável que conheça alguém que já passou.

Uma pessoa quer colocar botox preventivo e pede indicação de dermatologista para uma amiga. Recebe a indicação, encontra o contato e envia uma mensagem perguntando como funciona o trabalho, valores, endereço da clínica etc. Aguarda o dia todo e não recebe resposta.

No dia seguinte, perto das dez da manhã, recebe uma mensagem da recepcionista do consultório. Ela é curta, seca, grosseira e não responde a todos os pontos da mensagem enviada anteriormente. Nesse momento, é possível que a pessoa que entrou em contato pense: *Bom, algo está errado, mas darei mais uma chance*. A réplica contém as mesmas perguntas anteriores e temos um novo tempo gigantesco para receber a devolutiva. Quando chega, no dia seguinte, mais rispidez e pouca empatia.

Vamos imaginar que nossa personagem relevou o péssimo atendimento e marcou a consulta. No consultório, apesar de ser um local bonito e bem-apresentado, o tratamento por parte da recepcionista é igual ao prestado via WhatsApp: com grosserias e até algumas respostas mal-educadas.

Observando mais de perto, é possível perceber que não existe padronização nos uniformes, o tratamento com os pacientes não é cuidadoso, e essa pessoa, que é a extensão da marca da dermatologista, não demonstra cuidar da própria pele.

Imaginando tudo isso, pergunto: mesmo que você fosse perfeitamente bem atendido pela médica, será que daria continuidade ao tratamento? É possível que sim, mas também é provável que muitos já tivessem desistido no início do contato, quando a colaboradora fez um péssimo primeiro atendimento.

Em outras palavras, essa atendente falhou ao passar excelência no que tange à representação de uma marca pessoal: a da dermatologista. A médica até pode ser uma profissional maravilhosa, referência em sua área, entretanto está pecando nos detalhes de quem a representa.

Se a recepcionista trata mal os clientes, uma das primeiras perguntas que o paciente vai fazer é: será que a médica também não me tratará mal durante a consulta e o tratamento? E nesse momento não importa quanto a profissional é boa, pois o time não está alinhado com a proposta de valor gerado na empresa.

Cuidar do time é olhar para os detalhes, observar quem representa você e ter a certeza de que essas pessoas estão cuidando para que tudo o que envolve a marca pessoal transmita a mesma excelência do que você se propõe a fazer. Significa cuidar de absolutamente todas as pontas que envolvem os nossos colaboradores.

1. Comportamento
2. Atendimento
3. Roupas
4. Estética
5. Apresentação
6. Comunicação

"Nossa, Bianca, quando estou aprendendo a cuidar do time, que é a extensão da minha marca pessoal, preciso também cuidar das roupas e da estética das pessoas que trabalham comigo?" Sim, com toda a certeza! Cuidar de time é olhar todos os pilares que envolvem o contato das pessoas que trabalham com você.

Isso significa que tudo precisa estar alinhado para transmitir a mesma mensagem em todas as pontas. Se você está construindo uma marca de excelência, precisa transmitir excelência. Se presta um trabalho que envolve criatividade e empatia, seu time precisa ter a mesma sensibilidade que você. Se é um trabalho mais sério, que envolve técnica e precisão, todos os que cuidam dos seus clientes precisam ter segurança para passar o mesmo nível de técnica e precisão que você passaria ao cuidar de cada um individualmente. Se você presta serviços e está em uma área mais intelectual, que envolve muitas referências, precisa contratar pessoas que bebam das mesmas fontes que você ou estejam dispostas a aprender e seguir essa mesma jornada. E em todos esses casos é preciso cuidar de cada um dos pilares que mencionei anteriormente.

Sabe como? Padronizando, ensinando, mostrando as técnicas, falando de suas expectativas, de seus objetivos, da história da empresa, de qual é o caminho que quer percorrer e aonde quer chegar. Parece simples, mas é assim que conseguimos alinhar o time ao que gostaríamos de passar.

E não posso deixar de mencionar que, no momento da contratação, também é importante que você esteja atento aos detalhes. Se errar, fique tranquilo, não somos perfeitos – e nem todas as contratações darão certo. Repare seu erro e siga procurando pessoas alinhadas ao seu propósito, seus valores e sua personalidade.

HISTÓRIAS QUE INSPIRAM

Whill Silva, CEO da Tri-Joia e grande profissional, fez uma revolução na marca há alguns anos e conquistou o mercado de joias de modo revolucionário, vestindo personalidades como Thiago Nigro, Alfredo Soares e Tallis Gomes. Como mentor convidado da Imersão em Imagem, ele contou em uma das palestras que essa revolução começou quando ele percebeu que era preciso cuidar do seu time para que eles tivessem autonomia suficiente para proporcionar aos clientes experiências únicas e alinhadas aos valores da marca.

Ele conta que sua equipe pode, por exemplo, fazer ações específicas com os clientes para melhorar o relacionamento e mostrar que a Tri-Joia é uma empresa que cuida de pessoas acima de tudo. Em uma das ações, uma mãe contou que estava comprando óculos de sol para a filha porque elas iriam ao zoológico e ela queria que esse fosse um momento especial de conexão em família.

O time, ao perceber que existia ali uma motivação maior e uma grande oportunidade de fazer desse momento algo mais especial, decidiu enviar com os óculos um presente para a filha: uma pequena girafa de pelúcia. A mãe e a filha, ao receberem o presente, ficaram emocionadas e sentiram que a Tri-Joia prestava atenção aos detalhes. Poderia ter sido só mais uma compra, mas não foi o que aconteceu. O time da empresa sabia dos valores de Whill e da marca como um todo e que era importante proporcionar experiências únicas para os clientes, isto é, experiências que vão muito além da entrega do produto adquirido.

O time do Will não precisou de aprovação para seguir com essa ação. Eles simplesmente estavam alinhados aos valores da marca e decidiram que fazia sentido presentear a cliente. Qual é a conclusão? Os valores estão claros, e a mensagem da Tri-Joia está completamente alinhada à marca pessoal de Whill. Esse time é a extensão da marca do CEO, e isso está sendo propagado por meio de seus colaboradores. Percebe como é importante cuidar do time?

Vamos a outro exemplo.

A Disney é referência em atendimento pela excelência e pela valorização da experiência do cliente. Caso já tenha visitado algum dos parques ou hotéis da rede, com certeza percebeu que o cuidado com os visitantes se dá em todas as linhas hierárquicas da companhia, isto é, desde o atendente do balcão ou a pessoa que retira o lixo até o gerente de um hotel da rede ou um funcionário de alto escalão. O objetivo é sempre o mesmo: encantar os visitantes, com criatividade, magia, perfeição e atendimento impecável.

Para funcionar bem, esse encantamento precisa estar presente em todas as pessoas, independentemente do cargo, para que a mesma mensagem seja transmitida em quaisquer situações. Justamente por isso, o tempo todo vemos histórias mágicas de momentos em que as coisas não saíram conforme planejado e a Disney superou as expectativas ao lidar com o problema.

David Lederman, prefaciador do livro *O jeito Disney de encantar clientes*,[35] conta, no início do projeto, uma situação muito curiosa que é o resumo de tudo o que falamos até agora.

Em um workshop do Disney Institute em São Paulo, um dos participantes se aproximou de Fernando Beltran, representante de Orlando, e pediu um autógrafo do Mickey para a sua filha. Na ocasião, Beltran perguntou ao participante se ele tinha cartão de visitas e anotou a solicitação no verso. Lederman, narrador da nossa história, conta que todos em volta acharam que seria apenas mais um pedido "arquivado" na lista gigantesca de tarefas da empresa.

Imagine, então, qual foi a surpresa quando, em menos de um mês, o participante recebeu um cartão com uma mensagem personalizada e uma foto do Fernando ao

35. INSTITUTE, D. **O jeito Disney de encantar os clientes:** do atendimento excepcional ao nunca parar de crescer e acreditar. São Paulo: Benvirá, 2012.

lado do Mickey, em que este segurava o cartão, provando para a menina que o Mickey era realmente o remetente da mensagem.

Esse com certeza foi um momento mágico e ilustra muito bem tudo o que estou mostrando neste capítulo. Em suma, quero que você perceba que é indispensável cuidar do seu time como a extensão de sua marca pessoal. A Disney faz isso com maestria e, ano após ano, continua provando que é possível entregar experiências únicas, mesmo em uma empresa tão grande.

No seu caso, utilize essa história para gerar insights e pensar em como pode cuidar melhor de quem está ao seu lado para que essas pessoas transmitam a mesma mensagem que você. E lembre-se: não existem marcas pessoais ou empresas perfeitas. Portanto, caso um de seus clientes tenha uma experiência ruim, você pode ressignificá-la e reverter a situação para que a impressão seja boa no fim das contas.

Para fecharmos o capítulo 8, faça uma reflexão. Pense em todas as pessoas que trabalham com você e cuidam do atendimento ao cliente. Qual nota você daria para o seu time, considerando 0 = precisa melhorar muito e 10 = completamente alinhado. Deixe a sua resposta aqui:

Agora utilize o espaço a seguir e pense nos insights deste capítulo para programar ações ou treinamentos que precisam ser feitos com seus colaboradores a fim de melhorar esses pontos. Você pode, por exemplo, colocar em tópicos ações que poderiam ser feitas com o time para que ele consiga transmitir a sua marca pessoal. Ou pode anotar quais são os seus valores e sua personalidade para levar isso a uma conversa com o time. Fique à vontade para utilizar esse espaço como fizer mais sentido para você; o importante é visualizar o que precisa ser feito a partir de agora.

____

____

____

____

____

____

____

____

____

____

____

Crie um plano de ação e coloque na sua agenda todas as mudanças propostas. Tudo o que é feito com intencionalidade tem mais chances de dar certo!

No próximo capítulo, vamos falar do sexto pilar da construção de uma marca pessoal poderosa: ambiente físico e a importância dele para transmitir uma mensagem alinhada aos resultados que você quer.

CAPÍTULO 9

ASPECTOS DO AMBIENTE FÍSICO

Quando você convida a família ou os amigos para visitarem a sua casa, você a deixa bagunçada? Se as roupas estão jogadas pela sala, se o chão está sujo e a louça se acumulou na pia, você deixa que os outros entrem e vejam? Talvez você não se importe tanto com isso, mas eu com certeza só recebo pessoas na minha casa quando tudo está limpo, bonito e organizado. Essa analogia é perfeita para iniciarmos o capítulo sobre ambiente físico, e exemplifica a mensagem que quero passar aqui.

Quando decidi começar a Imersão em Imagem, uma de minhas maiores preocupações foi organizar o local do evento para transmitir uma mensagem congruente com a minha marca pessoal. Bianca Ladeia é uma marca de valor agregado, que preza pelos detalhes, tem um estilo que promove poder, liderança e esbanja personalidade forte, assim como eu.

Para a imersão, portanto, eu precisava tangibilizar tudo isso. E vou além: os detalhes do local, como iluminação, decoração e o material dos alunos precisariam também transmitir essa mensagem. Em todas as turmas, fiz questão de propagar a minha marca pessoal em cada detalhe do ambiente físico e recebi feedbacks maravilhosos em relação a isso. Para ter uma noção da importância do ambiente físico, saiba que escolho até mesmo os móveis que farão parte da decoração do local da imersão. Isso é cuidar dos detalhes da marca pessoal.

Agora, como temos uma nova sede para a marca Bianca Ladeia, mais uma vez estou olhando para esse pilar para que o novo espaço seja uma extensão da minha imagem.

Ou seja, inicie este capítulo entendendo a importância do espaço quando conectado com a nossa marca pessoal poderosa. A intencionalidade em absolutamente tudo o que fazemos volta a aparecer aqui. E, para organizarmos melhor a linha de raciocínio durante as próximas páginas, quero abordar o ambiente físico a partir de quatro possibilidades.

1. Você é o dono do negócio e possui um espaço físico.
2. Você é o dono do negócio, mas não possui espaço físico.
3. Você trabalha presencialmente em uma empresa como CLT.
4. Você trabalha no modelo home office como CLT.

Se é dono de um negócio e tem um escritório, você precisa cuidar do ambiente para transmitir a mensagem correta. Vamos a um exemplo: artistas inspiram criatividade, leveza e dinamismo. Faria sentido entrar no espaço de um artista e encontrar um local monocromático com tons claros ou extremamente escuros? Seria adequado que o ambiente inspirasse seriedade e dureza? Salvo casos específicos, com certeza não. A nossa expectativa seria encontrar no ambiente físico elementos que remetem a esse lado criativo, com cores diferentes, texturas e decoração dinâmica. Esses elementos representam um local alinhado com as expectativas de marca pessoal do profissional em questão.

Mas e se você estiver procurando um advogado? O que fala mais alto ao imaginarmos o ambiente físico de um advogado é transmitir seriedade e autoridade; com tons monocromáticos, essa percepção é sentida – talvez com detalhes em madeira e uma decoração que passa profissionalismo. Percebe a diferença?

O objetivo de olhar para o ambiente físico é entender que existem especificidades para cada profissão, e o ambiente precisa transmitir a mesma mensagem que a sua marca pessoal. Parece simples, mas vejo muitos profissionais pecando nessa hora. E quero deixar claro um ponto muito importante: os detalhes do ambiente físico precisam estar presentes até mesmo nas fotos que você posta nas redes sociais. "Meu Deus, Bianca, preciso cuidar até mesmo disso?" Sim, com certeza.

As redes sociais mostram um pouco da nossa vida pessoal e profissional, então por que não transmitir a mesma mensagem nessas plataformas? Esta é a lógica: se a sua marca pessoal está alinhada com um objetivo, essa mensagem precisa estar em todos os detalhes de sua vida.

Voltando às quatro possibilidades de que falamos anteriormente, para donos de negócio sem espaço físico e trabalhadores CLT em modelo home office devemos pensar o ambiente físico a partir de um prisma diferente. Por não ter um espaço que transmita a sua marca pessoal e possa receber visitantes ou clientes, a importância aqui é cuidar do cenário em que você faz as reuniões on-line.

Pense que esse será o ponto de contato do seu cliente ou dos seus parceiros de trabalho, chefes e colaboradores com você. Por isso, cuide do cenário das reuniões, passe uma mensagem adequada, organizada, limpa, checando se a iluminação está boa e se você está bem posicionado frente à câmera. Esses detalhes são primordiais para que a sua marca pessoal seja percebida corretamente.

Por fim, temos as pessoas que trabalham em empresas no modelo presencial. Como é possível cuidar do espaço físico nesse caso? Cuidando do seu local de trabalho. Pessoas que trabalham com carteira assinada precisam ter responsabilidade com o chefe, porque existe nessa parceria um acordo profissional. Então a minha mensagem aqui é: cuide da sua mesa, do seu espaço, da organização e da limpeza do local em que trabalha. Essa organização mostrará que você se preocupa com a apresentação e com a empresa. Mostra que você é um profissional sério e merece reconhecimento.

É por isso que sempre digo que o ambiente físico está intrinsecamente conectado ao time, pois, se a equipe é a extensão da nossa imagem, o modo como nós e nossos colaboradores cuidamos do ambiente físico reverbera na maneira como a nossa marca pessoal é percebida.

De todo modo, o objetivo não é gastar uma fortuna com o ambiente físico. A proposta é que o local esteja alinhado com você. Se conseguir fazer isso com um orçamento pequeno, perfeito. Se a sua empresa crescer e você contar com um orçamento maior para uma reforma, temos um ótimo caminho também.

Para o espaço físico, detalhes importantes são: piso, paredes, cortinas, decoração, tipos de revestimento, vasos e plantas, quadros e cores utilizadas.

Se estiver no on-line, pense em como mudar e melhorar o ambiente das reuniões para que fique melhor. Invista em iluminação, em um fundo adequado e em um computador com uma câmera de boa qualidade. Esses são apenas alguns dos elementos que completam o ambiente físico. Observe o que você tem em seu espaço e aproveite esses elementos. Você sabe melhor do que ninguém como o seu público funciona e qual é a imagem que precisa passar.

AS CORES E O AMBIENTE

Para ajudá-lo a pensar nos detalhes do ambiente, vou apresentar a você um pouco mais do que cada cor representa. Lembre-se de que essas informações são apenas referências que podem auxiliá-lo a transmitir a mensagem adequada.

Branco: essa cor neutra é vista como o símbolo da paz e da espiritualidade e pode passar uma mensagem de limpeza, alegria, pureza, inocência, divindade e infância.

Cinza: neutralidade é a palavra para essa cor. Pode representar elegância, sofisticação, ausência de emoções, tédio, seriedade e sabedoria.

Preto: é considerada a mais poderosa entre as cores neutras, associando-se a força, formalidade e elegância. Dependendo da aplicação, pode trazer à tona medo e memórias emocionais.

Azul: é vista como a cor da serenidade. Passa também confiança, intelectualidade, verdade, higiene, frescor, produtividade e sucesso.

Verde: essa cor remete a natureza, harmonia e equilíbrio. É muito utilizada em espaços relacionados à saúde para relaxar e passar tranquilidade. É associada ao bem-estar e à segurança.

Amarelo: sinônimo de iluminação, traz conforto, esperança e euforia. Pode estimular o apetite, por isso é tão vista em restaurantes. Representa também concentração, atenção, felicidade e acolhimento.

Vermelho: cor da paixão, costuma induzir à ação, por isso é vista em promoções e liquidações nas empresas. Passa urgência, amor, conexão e pode estimular a fome.

Laranja: a cor é associada a ânimo, energia, alegria, excitação, entusiasmo, dinamismo, expansão, mudança e espírito jovem.

Roxo: criatividade e imaginação são mensagens que o roxo passa. Representa também nobreza, sucesso, riqueza, respeito e sabedoria. Existe no roxo a questão do mistério, do abstrato, e essa cor pode também conectar-se à intuição e à espiritualidade.

Marrom: natureza é um dos elementos representados pelo marrom. Pode passar também segurança, seriedade, estabilidade e sofisticação. A cor é muito vista no layout dos ambientes ao tentar inspirar a sofisticação e reforçar a elegância.

Rosa: é vista como uma cor que transmite graciosidade e feminilidade. É delicada e representa modernidade (se usada em tons mais fortes), desejo e atenção. Os tons mais claros podem ser utilizados para remeter ao que é infantil ou juvenil.

Sugiro que você use esses insights sobre as cores para avaliar o seu ambiente. É possível que você esteja comunicando a mensagem errada ao usar uma cor inadequada, e ainda é possível que consiga fazer um pequeno ajuste de cor para elevar o nível de sua marca pessoal.

UMA HISTÓRIA DE SUCESSO

Trabalhando individualmente com uma cliente que é médica, fizemos o passo a passo que vimos aqui no livro. Ela ajustou o visual, adequou o comportamento e a oratória, cuidou da postura, alinhou com o time os objetivos e a sua clínica teve um crescimento vertiginoso. Ela começou a receber muitos clientes e chegou o momento de expandir.

No caso dessa cliente, sua marca pessoal tinha como objetivo transmitir valor agregado, e ela queria não apenas expandir a marca, mas também se tornar referência na área em que atua, começando a palestrar sobre o tema e até mesmo criando um instituto para ajudar outros médicos a se posicionarem melhor dentro do próprio nicho.

Quando cheguei a seu espaço, apesar de ser muito bonito, limpo e organizado, percebi que já não representava mais o crescimento da minha cliente. Abordei e comentei com ela que havia chegado o momento de ela se mudar. Na ocasião, ela encontrou um novo espaço, muito maior que o primeiro, e decorou de acordo com a imagem que queria passar. Já na inauguração chamou a atenção do mercado.

Dois meses depois, com todos os passos de que falei ajustados, essa cliente já havia atingido a sua meta de marca pessoal poderosa. O objetivo dela era atingir essa meta em até dois anos, e o trabalho completo que abarcou todos os passos foi concluído em apenas oito meses. Ela ficou extremamente surpresa, e até hoje fazemos ajustes em sua marca pessoal para que ela avance ainda mais.

Esse é o poder do método que você tem em mãos, o método que o ajudará a fazer as mudanças de que precisa. É sobre isso que quero que você pense ao finalizar este capítulo. A minha cliente atingiu seus objetivos muito antes do planejado. Com a intencionalidade e a dedicação corretas, você consegue fazer o mesmo.

Para fechar, preparei um material incrível sobre ambiente físico que o ajudará a entender os pilares que vimos até agora. Neste tutorial, vou mostrar o que você deve observar no espaço para que ele transmita a mensagem adequada. Para acessar, basta apontar a câmera do celular para o QR code ou abrir o link a seguir.

Chegamos ao fim de mais um capítulo! Espero que o seu cérebro esteja fervilhando com muitas ideias para mudar o ambiente em que trabalha, independentemente de você se enquadrar em alguma das quatro opções que vimos.

Nos próximos capítulos, vou abordar dois momentos que adoro: comunicação off-line e comunicação on-line. São os últimos passos que veremos neste livro, e eles são fundamentais para a construção da sua marca pessoal poderosa!

CAPÍTULO 10

COMUNICAÇÃO OFF-LINE

Apesar de estar há muitos anos trabalhando a minha marca e desenvolvendo a minha imagem pessoal, ainda traço objetivos e estratégias para continuar crescendo e me desenvolvendo. Pode ser uma surpresa para você, mas o método deste livro é utilizado não apenas com os meus clientes, mas em minha jornada também.

Em uma dessas estratégias, coloquei como meta fazer uma parceria com o G4 Educação, uma das maiores escolas de negócios do Brasil. Ao conversar com um amigo, ele disse que era próximo do Tallis Gomes, um dos fundadores, e comentou que poderia marcar um café para nos apresentar. Parei por um momento, pensei e decidi recusar o convite. Ele ficou surpreso e me perguntou: "Ué, mas você não quer ter contato com o G4 para uma parceria? Eu posso ajudar você nessa conexão". Respondi: "Sim, essa é a minha meta, mas para que a conexão seja sólida e perdure, preciso entender o que posso oferecer de interessante para eles também".

Esse primeiro contato precisava sair do lugar-comum do "café entre conhecidos". Antes disso, era preciso entender que, muito além do interesse que *eu* tinha pelo G4 Educação, precisava *oferecer* algo para que esse networking fizesse sentido. Pode parecer confuso, mas chegarei lá.

Nos meses seguintes, estudei com muita dedicação os fundadores Tallis Gomes, Alfredo Soares, Bruno Nardon e Tony Celestino. Cada um, em seu nicho e sua área específica, possui uma marca pessoal, interesses e personalidade diferentes. Passei horas observando-os nas redes sociais, vendo palestras que faziam, eventos de que participavam, como se comunicavam, qual era o estilo de oratória de cada um, pontos estratégicos do visual... Estudei absolutamente tudo. Criei um dossiê para me ajudar no processo.

Comunicação off-line diz muito sobre as suas competências e as suas habilidades e o que você tem a oferecer de bom a clientes, parceiros e redes de contato.

Quando estava preparada e sabia exatamente o que era interessante em meu trabalho e o que oferecer a eles, me inscrevi em um dos cursos presenciais do G4 Educação para que pudéssemos nos conhecer. Como você pode imaginar a partir dos capítulos anteriores, preparei cada detalhe da minha imagem pessoal para que esse contato fosse impecável.

Em determinado momento, ao falar com todos da empresa, comecei a explicar tudo o que tinha estudado sobre a marca pessoal de cada um e quais eram os pontos que poderiam ser ajustados de acordo com o nicho deles. Eles ficaram impressionados, pois eu conhecia detalhes dos hábitos e do dia a dia de todos e da empresa.

Pontuei mudanças que achava importantes. E foi dessa maneira que nasceu a minha parceria com o G4 Educação.

Hoje, faço parte do grupo de mentores e tenho muito orgulho de como construí essa relação. O networking foi pensado passo a passo para que eu atingisse o meu objetivo. Teria sido possível formar essa parceria depois de aceitar tomar aquele primeiro café com o Tallis? Sim, teria. Mas será que a relação seria tão sólida e duradoura como é hoje? Provavelmente não.

Isso é comunicação off-line. É a construção de tudo aquilo que está fora do digital, ou seja, ter cuidado com a reputação, saber quais são as suas habilidades e competências e como pode provar isso para as pessoas, como fazer a troca de autoridade, olhar para aqueles com quem convive e saber quem precisa ter por perto ou não, manter coerência entre o que fala e o que faz, alinhar seus objetivos, propósitos e valores, saber maximizar seus pontos fortes, ter uma rede de relacionamento poderosa e alinhada com a sua marca pessoal e entender que cada um tem uma expertise e que você precisa ser *interessante* para que essa conexão seja genuína.

Grifei a palavra "interessante" para que você grave isso e não se esqueça nunca mais: networking é feito por interesse. Não adianta nada achar que vai ter contato com uma pessoa e ela vai proporcionar uma parceria se você não entender antes o que tem de *interessante* a *oferecer* para ela também. Foi exatamente o que fiz ao construir uma ponte entre a minha marca e o G4 Educação. Isso, sim, é um networking poderoso e que perdurará.

Assim, tenha em mente que comunicação off-line diz muito sobre as suas competências e habilidades e o que você tem a oferecer a seus clientes, parceiros e redes de contato. Ao imaginar um relacionamento duradouro, foque três pontos importantes:

1. **Chega de networking ultrapassado:** é preciso criar relações verdadeiras e interessantes para ambos os lados antes de querer fazer negócios. Primeiro a relação, depois a negociação.

2. **Networking poderoso não é romântico, não é como "fazer amigos":** estamos falando de marca pessoal e objetivos de vida. Essa estratégia o levará ao seu objetivo, então não pense em comunicação off-line como apenas conhecer colegas. É preciso estratégia e intencionalidade.

3. **Você quer relações verdadeiras, não rasas:** não basta saber o que o outro tem a lhe oferecer, pois essas relações surgem quando você entende o que tem a oferecer também. Se o objetivo é construir relações off-line que sejam verdadeiras e perdurem, precisa internalizar isso antes de tudo.

Muitos clientes me abordam nas mentorias individuais e falam que adorariam ter contato com determinados grupos de que participo. E essa movimentação é natural, uma vez que prezo muito pelos ambientes que frequento e meus clientes sabem da importância da comunicação off-line.

Nesses casos, sempre respondo: "Entendi! Essas pessoas são interessantes para você. Mas o que você tem de interessante para oferecer a elas?". Pode parecer um pouco "duro", e algumas pessoas ficam assustadas em um primeiro momento, mas, depois, com o tempo, percebem que faz todo sentido. Somos seres de interesses, e saber disso é um atributo-chave para construir relacionamentos genuínos.

Elaborar a sua comunicação off-line, em outras palavras, tem a ver com olhar para si mesmo, encontrar seus pontos fortes e construir relações fora do digital que privilegiem a sua marca pessoal e o tornem inesquecível. Dale Carnegie conta em seu livro *Como se tornar inesquecível* que "as pessoas inesquecíveis sabem que são especiais, mesmo quando estão sozinhas".[36] E completa:

> Se você realmente pretende se tornar inesquecível, precisa aceitar 100% da responsabilidade. Deve aceitar a responsabilidade por si mesmo e até ser capaz de aceitá-la por outras pessoas, quando elas não estiverem em condições de fazer isso. E, em última instância, deve aceitá-la por coisas que pareçam claramente fora do seu controle.

Para aprimorar os seus relacionamentos e fazer com que sejam poderosos, é preciso saber que, muito além de ser bom no que faz, você precisa ter *confiança* e *consciência* disso. Em muitos momentos, só você acreditará em si mesmo. E está tudo bem. Contanto que tenha uma estratégia e intencionalidade, a sua marca pessoal estará no caminho certo.

Ao desenvolver essas habilidades, você chega o caminho da construção de *conexões genuínas*. Para exemplificar melhor como isso funciona e o que privilegiar, quero contar sobre uma cliente.

---

36. CARNEGIE, D. **Como se tornar inesquecível**. Rio de Janeiro: Sextante, 2021. *E-book*.

Fiz o atendimento individual dela, que mora em uma cidade mais afastada do eixo São Paulo-Rio de Janeiro. Como ela é de uma cidade razoavelmente grande, disse que sua meta era alavancar sua empresa e fazer dela uma referência regional.

Sempre que um cliente está em um local que não conheço tão bem, gosto de estudar esse lugar com dedicação para entender melhor o que funciona ou não dentro do nicho de trabalho específico da pessoa. Pesquiso a área, os concorrentes, quem está fazendo sucesso e por que, quais são os grupos indicados para promover determinada marca pessoal, e assim por diante. Com essa mentorada não foi diferente.

Ao falarmos de comunicação off-line, perguntei quais eram os grupos regionais que ela frequentava. Em outras palavras, queria entender com quem ela mantinha networking para que pudéssemos traçar uma estratégia para dar mais visibilidade ao seu negócio. Imagine a minha surpresa quando ela disse que não tinha contatos, saía apenas com amigos e família aos fins de semana.

Pare a leitura por um minuto e raciocine comigo: se você, assim como ela, quer trazer mais visibilidade para o seu negócio e se tornar referência, como espera fazer isso relacionando-se apenas com amigos e família? Como ela queria ser referência na área e na cidade em que trabalha se não frequentava os grupos certos? Em muitos momentos, ter relacionamento com as pessoas corretas é o que muda completamente o jogo. É o que faz você sair do ponto A e ir em direção ao ponto B. Uma conexão é o que basta.

Em nosso papo, expliquei para ela exatamente o que você está lendo aqui. Falei da importância de criar relações genuínas, da importância do networking que gera conexões verdadeiras. Ela concordou, e começamos a estudar as possibilidades para melhorar seus relacionamentos na cidade em que mora e trabalha.

Descobri que o filho dela estudava na melhor escola da região, o que se conecta perfeitamente com o público-alvo dessa cliente, e seria uma ótima oportunidade de melhorar a sua comunicação off-line. Traçamos um plano, e ela o colocou em ação. Preparou um presente para cada uma das mães dos colegas de escola do seu filho e enviou em uma data especial.

O sucesso foi gigantesco. Ela começou a receber mensagens e ligações de agradecimento. A notícia se espalhou pela escola e, consequentemente, nos círculos sociais dessas mães, e ela foi convidada para integrar o grupo de leitura que elas tinham. A sua participação foi fundamental nesse processo, e o seu negócio começou a se expandir.

Além do boca a boca gerado pelas novas conexões, ela é uma excelente profissional, sabe mostrar suas habilidades e suas competências, possui uma empresa com atendimento impecável, o seu time está completamente alinhado aos seus valores e, ainda, é muito generosa e cativa as pessoas. É o combo perfeito!

Viu como essa estratégia foi simples e muito fácil de ser executada? Percebe também que ela poderia ter feito tudo sozinha? Sempre falo para mentorados e alunos que, muitas vezes, as respostas estão em nossas mãos. Nós só não as enxergamos e acabamos "pensando demais" em vez de *raciocinar*, que é trazer para o racional o que está à nossa frente e pode ser utilizado a nosso favor.

Se temos as possibilidades e temos as respostas, o que falta é montar a estratégia. As pessoas, hoje, estão muito preocupadas em criar ações mirabolantes para ter um diferencial, sendo que o que falta mesmo é o famoso "feijão com arroz", o básico bem-feito. Se fizer o que é preciso, for competente, gentil e gerar conexão, você terá sucesso.

Com o básico bem-feito estará na frente de 99% das pessoas. Já parou para pensar nisso? Na maior parte do tempo que ficamos imaginando coisas muito diferentes, deixamos de fazer o que é necessário e o que faz sentido para alcançar nossos objetivos. Isso sim é ter um diferencial. E fazendo isso você conseguirá ter conexões genuínas.

Para que você possa pensar em uma estratégia voltada para o seu nicho e para o seu negócio, vamos fazer um exercício. A seguir estão algumas das perguntas que utilizo com meus clientes para traçar estratégias para a comunicação off-line. Leve o tempo necessário e mantenha isso em mente mesmo que não consiga responder a tudo nesse momento.

Onde o seu público/networking está?

O que o seu público/networking faz?

Quais são os eventos que o seu público/networking frequenta?

Por que eles frequentam esses eventos?

Qual é o interesse do seu público/networking nesses eventos?

Quais cursos eles fazem?

Com as respostas, reserve o espaço a seguir para pensar em estratégias simples e fáceis de serem executadas nos próximos dez dias. Se puder, liste ao menos três ações que colocará em prática para impulsionar a sua marca pessoal a partir das suas conexões off-line.

Não deixe de colocar em prática o que escreveu!

Essas perguntas o ajudarão a seguir em direção ao networking poderoso, e quero que você volte sempre aqui se ficar em dúvida sobre o que fazer.

É preciso entender quem é o seu público-alvo a partir dos objetivos da marca pessoal e conhecer mais sobre ele. É preciso mapear onde estão as pessoas interessantes para você. Assim você poderá fazer parte do mundo delas. Além disso, tenha em mente que não adianta querer atrair pessoas de valor agregado se você é um público de preço. Não existe certo ou errado, apenas o que faz sentido com a audiência que você deseja atrair.

Se, ao responder às perguntas, você perceber que o seu público está em determinados ambientes que representam valor agregado e você não frequentar esses ambientes, quero que tenha claro que, para não confundir a sua audiência, será preciso um ajuste de percurso para que você esteja nesses locais também.

Isso não significa mudar tudo o que faz para estar em todos os lugares que o seu público está! Você apenas precisa "mostrar" o que faz sentido para essa audiência e, assim, gerar pertencimento e conexão. Não tem problema nenhum manter alguns hábitos que não fazem parte do público a que você atende, entretanto você não precisa mostrar isso para as pessoas.

Se você é uma pessoa que cuida da sua marca pessoal de segunda a sexta, passe a mesma mensagem aos sábados e domingos. Isso é ainda mais essencial na fase em que as pessoas precisam conhecer você e o seu trabalho. Isso é estratégia!

Se hoje estou em um degrau e preciso chegar ao próximo, é necessário que eu pense com intencionalidade no que preciso fazer para isso. E cada degrau é único.

Agora que você já tem as ferramentas para cuidar da sua marca pessoal no off-line, passamos para o último passo da minha metodologia: o momento em que você projeta o que é no on-line.

Para isso, lembre-se: primeiro é preciso "ser" na vida real. Não invente algo ou alguém para existir só na internet. Seja na vida real e depois migre para o digital. Essa é uma comunicação on-line poderosa.

CAPÍTULO 11

COMUNICAÇÃO ON-LINE

A comunicação on-line é o reflexo direto da nossa marca pessoal. Assim como cuidamos do visual, do comportamento, da postura, da oratória e de todos os outros pilares que fazem parte do mundo físico, devemos dedicar tempo e esforço para moldar nossa presença digital.

Cada plataforma em que estamos presentes, cada postagem que fazemos e cada interação que temos contribuem para a percepção que os outros têm de nós. Comunicação on-line funciona como se fosse o nosso quebra-cabeça digital, um em que cada peça se encaixa para formar a imagem completa de quem somos. É crucial, portanto, cultivar uma estratégia consistente e alinhada para que as ações on-line reflitam a autenticidade e a credibilidade da marca pessoal.

Em outras palavras, comunicação on-line é o resultado de tudo o que nos representa no mundo digital: sites, *landing pages*, podcasts, cursos gravados, domínio do e-mail corporativo, o que está no YouTube, Twitter, Threads, Instagram, LinkedIn, TikTok, Facebook, WhatsApp, Messenger, Kwai, Pinterest... a lista é imensa. Se vivemos em um *mundo digital*, a comunicação on-line representa a nossa *vida digital*.

Pensando sobre isso, quero começar falando sobre três grandes erros que vejo as pessoas cometendo: ir atrás do pote de ouro, achar que é preciso pouca dedicação, criar um personagem.

Se vivemos
em um *mundo digital*,
a comunicação on-line
representa a nossa
vida digital.

@biancaladeia

Pote de ouro: Um dos erros mais comuns é ter a ilusão de que ganhar dinheiro e vender na internet é uma rota fácil e simples para o sucesso financeiro. Muitas pessoas veem influenciadores digitais ou empreendedores on-line alcançando resultados impressionantes e acreditam que isso acontece facilmente. Embora a internet ofereça boas oportunidades para empreender e ganhar dinheiro, a presença on-line requer trabalho árduo, dedicação e entendimento das dinâmicas desse espaço. Então lembre-se de que não há uma fórmula mágica que funcione para todos e não existe pote de ouro no fim do arco-íris. A construção de uma marca pessoal on-line bem-sucedida demanda tempo, esforço e constante aprimoramento de habilidades e estratégias.

Dez minutinhos não bastam: Muitos pensam que vão investir dez minutos por dia no digital e que isso vai ser o suficiente para alavancar a marca pessoal. Não! Essa abordagem superficial não reflete a complexidade e a dedicação necessárias para construir uma marca pessoal autêntica e impactante. Vamos imaginar o seguinte: se em seu trabalho você precisa se dedicar por horas para realizar algumas tarefas e conseguir resultados, será que dez minutos nas redes sociais são suficientes? Não! O tempo investido *versus* o resultado obtido na internet funciona a partir da mesma lógica com a qual você se dedica ao trabalho. Não existe sucesso sem trabalho e disciplina, e os resultados não acontecem do dia para a noite. Por isso, não pense que investir apenas dez minutinhos do seu dia para postar e estar na internet será o bastante para construir uma marca pessoal bem-sucedida. É preciso muita dedicação nesse meio.

Enfim, um grande personagem: no mundo das redes sociais, é comum sentir uma pressão gigantesca para criar uma imagem idealizada de si mesmo, isto é, um personagem que retrata apenas o lado positivo e perfeito da vida. Essa tentativa de refletir uma versão filtrada e cuidadosamente selecionada de quem é se torna irreal e insustentável no longo prazo. Se você já ouviu alguém falando que esse é o fator que gerará sucesso, saiba que é uma grande mentira. Manter um personagem no digital é impossível e não leva ninguém a lugar nenhum. Na realidade, gera uma mentira que é desmascarada em pouco tempo. Ninguém consegue sustentar um personagem por longos períodos, e a sua audiência será perita em perceber quando você não for verdadeiro. Lembre-se disso! Sempre que começo o trabalho com um cliente falo sobre este ponto: comunicação on-line é pegar o que você é na vida real e projetar no digital. E justamente por isso on-line e off-line estão tão conectados. Um leva ao outro. Pessoas são atraídas por conexões verdadeiras, autenticidade, credibilidade. Por isso, saiba que é preciso compartilhar a sua jornada real, com vitórias e desafios, perfeições e imperfeições.

Ficou assustado? Imagino que sim. Neste momento, você já deve ter percebido que não gosto de florear os assuntos, e minha intenção é sempre trazer a verdade, por mais difícil que pareça. Então aqui está! Começar o capítulo de comunicação on-line falando desses três erros clássicos é fundamental para que você já se prepare para as próximas páginas. Mas fique tranquilo e saiba que esse ponto de partida o ajudará a traçar uma estratégia

Pessoas são atraídas por conexões verdadeiras, autenticidade, credibilidade.

muito mais consistente para projetar a sua vida off-line no mundo digital e construir a sua marca pessoal. E, assim como falamos anteriormente sobre cuidar dos *detalhes*, aqui também precisamos estar atentos a isso. Para ilustrar melhor o ponto, contarei sobre o início da minha carreira e empresa.

Quando estava começando a minha jornada e ainda morava em Belo Horizonte, certa pessoa perdeu uma oportunidade comigo por não cuidar da comunicação on-line. Eu estava procurando um espaço maior para a minha sala e pedi indicação de uma corretora de imóveis para uma amiga. Na época, ela me passou um telefone e liguei para conversarmos.

Durante o papo, falei sobre as referências que queria no novo espaço, e ela me pediu que enviasse algumas imagens por e-mail para ilustrar melhor o que estava imaginando. Quando pedi o contato, nunca vou me esquecer: sabe esses e-mails pessoais que começam com um nome e seguem com "gatinha", "lindinha" etc.? Era o e-mail dela. E a extensão do e-mail, (@hotmail, @gmail etc.) não era de uma empresa própria.

É um detalhe? Sim! Mas é um detalhe que passa credibilidade, que mostra seriedade e profissionalismo. Isso foi fundamental para eu decidir que não valeria a pena seguir com aquela corretora. Como alguém que coloca em prática o próprio método, quero que você olhe para essa situação com os mesmos olhos que eu. Talvez ache que estou exagerando, mas falhas assim são inadmissíveis, então memorize bem esse momento para aplicar em sua vida profissional. Já falamos disso, e reforço: cuidar dos detalhes é fundamental!

Independentemente de estar começando ou já ter uma empresa estruturada no mercado, olhar para a sua vida digital e cuidar de cada ponto que faz parte desse universo é muito importante para projetar uma imagem profissional adequada. E o domínio do e-mail faz parte dessa projeção. Ao passar um domínio de e-mail que não condiz com seriedade e profissionalismo, aquela corretora gerou em mim um sentimento de insegurança em relação ao trabalho que ela prestava. E isso me fez repensar se eu gostaria de seguir a jornada ao seu lado.

Talvez, neste exato momento, você esteja avaliando o seu domínio de e-mail ou todos os outros pontos da sua vida digital, e essa é a reflexão que eu gostaria de inspirar. Se for o caso, cuide desses detalhes, e tenho certeza de que você estará um passo mais perto de ter uma comunicação on-line forte e alinhada com a sua marca pessoal.

NÃO EXISTE MERCADO SATURADO

Apesar de existirem diversas redes sociais e cada uma delas servir a um propósito diferente, como é possível validar o próprio currículo de modo eficaz e autêntico? A partir do Instagram. Nessa plataforma, pode-se destacar habilidades e maximizar competências, vitórias e conquistas.

Quem nunca pediu indicação de algum profissional e depois foi checar o Instagram para verificar o trabalho realizado? Essa validação é muito comum e faz parte do modo como procuramos profissionais de todas as áreas. Além disso, a plataforma, hoje, é uma das mais utilizadas no Brasil, totalizando 113 milhões de usuários em 2023.[37] Isso sem contar o enorme potencial de crescimento, uma vez que cada vez mais as pessoas entendem a importância de se posicionar profissionalmente no on-line.

"Ai, Bianca, mas o mercado já não está saturado?" Escuto esse questionamento de diversas pessoas… e não, não existe mercado saturado! Nem no Instagram, nem em qualquer outra rede social ou nicho específico. O que existe são pessoas fazendo mais do mesmo sem se destacar.

Se você é bom e deixa isso claro, acredite quando digo que o mercado vai absorver o seu conteúdo. Ao se destacar, você mostrará para esse mercado que merece atenção e a sua rede vai se expandir. Em outras palavras, não adianta só ser bom, é preciso deixar claro e mostrar o seu diferencial nas redes sociais. E o Instagram é uma ferramenta poderosa para isso.

Sendo assim, quero passar por alguns passos importantes para que você não apenas esteja presente nas redes, mas as utilize da melhor maneira possível para potencializar a sua marca pessoal. São orientações primárias e não fazem parte de uma estratégia personalizada, mas podem ajudar com uma primeira noção do que é preciso fazer no Instagram para alavancar a sua imagem do modo correto. Vamos aos cinco pilares: biografia (ou bio), destaques, stories, legendas e feed.

---

37. VOLPATO, B. Ranking: as redes sociais mais usadas no Brasil e no mundo em 2023, com insights, ferramentas e materiais. **Resultados Digitais**, 16 mar. 2023. Disponível em: https://resultadosdigitais.com.br/marketing/redes-sociais-mais-usadas-no-brasil/. Acesso em: 17 jul. 2023.

1. Biografia (ou bio): é a área logo abaixo da foto do perfil e apresenta a sua autoridade ao público. Em outras palavras, é o que torna você único. Por isso, pense na foto de perfil e na bio como a oportunidade de se apresentar a alguém. Quando conhece alguém pessoalmente ,você não fala o nome do seu pet ou do seu filho. Então não faça isso na sua apresentação on-line. Use esse espaço para se apresentar como especialista em determinada área, deixando claro qual dor você resolve e como faz isso. Parece bobo, mas é importantíssimo para manter um perfil relevante em seu mercado.

2. Destaques: use os destaques de modo estratégico. Nesse campo, você pode deixar uma apresentação sobre si, o que faz, o seu diferencial e depoimentos e validações do seu trabalho. Não deixe de organizar os seus destaques para que sejam de simples acesso para o público que entra em seu perfil. Você também pode pensar em dividir essa área por assuntos, fotos e vídeos.

3. Stories: essa parte do Instagram conta sobre o seu dia a dia. Nela pode entrar um pouco sobre a sua rotina, o seu trabalho e o que está fazendo. É uma área "mais descontraída" da rede, pois some depois de um tempo e você consegue ter mais liberdade para falar e colocar conteúdos que passam autoridade. Sempre faço a analogia de que os stories são o primeiro encontro, a paquera, a conquista. Quando a pessoa se conectar com você, ela terá interesse no namoro sério, no seu "feed", e passará a consumir seus conteúdos mais técnicos.

4. Legendas: fico chocada sempre que vejo as pessoas abrirem mão de legendas nos posts. Esse é um erro clássico! As legendas são importantíssimas. Elas podem contar uma história, despertar curiosidade, fornecer contexto e permitir que você explique o que está por trás do conteúdo. Insira detalhes relevantes, mensagens importantes, lições, perguntas e gere um diálogo significativo com o público. Além disso, é a partir das legendas que você construirá o seu tom de voz único, adicionando ou não humor, trazendo reflexões e captando a atenção. Então, jamais deixe de utilizar esse recurso.

5. Feed: no feed você constrói o seu cartão de visitas, pois sempre que alguém visita o seu perfil o primeiro contato vai ser com o feed e com o que está ali. Sendo assim, um feed visualmente atraente cria uma ótima primeira impressão, transmitindo profissionalismo, estilo e cuidado com a presença digital. Nele é importante ter cuidado com a escolha de cores, filtros, estilo de edição de fotos e vídeos e a maneira como tudo é organizado. Feeds atraentes também prendem mais a atenção e geram engajamento, e assim você promoverá e contribuirá para a construção de uma imagem de autoridade em seu nicho.

Utilizar esses recursos citados da maneira correta é primordial. É um dos passos fundamentais quando o assunto é comunicação on-line. Mas lembre-se: o Instagram é apenas um desses passos, já falamos de diversos outros, e você precisa cuidar de todos eles! Assim, a sugestão aqui é que você faça uma lista sobre a sua vida digital e já anote as estratégias para melhorar esse pilar.

OS QUATRO CICLOS DO INSTAGRAM PODEROSO

Para fechar este capítulo, preparei um exercício que faço com meus mentorados que precisam alavancar o Instagram e não sabem por onde começar. É uma proposta de criação de conteúdo que passa por quatro ciclos de quinze dias, totalizando os dois meses que levam à criação de autoridade nessa plataforma. Vamos aos passos!

Ciclo 1

Tempo: quinze dias.

Tarefa: crie seis posts para o feed e faça stories diariamente.

Aqui a proposta é montar uma apresentação de si mesmo e do seu trabalho. Caso tenha uma página pessoal, a ideia é deixar clara a transição que está acontecendo em seu perfil. Como sugestão de conteúdo, confira os insights a seguir:

1. **Conselhos que já ouviu**
2. **Café da manhã, almoço, jantar**
3. **Livro que está lendo**
4. **Feedback de um cliente, parceiro, colaborador ou paciente**
5. **Exercício que pratica**
6. **Hábito que mostra valores profissionais**
7. **Explique sobre um caso específico do seu trabalho**
8. **Planejamento da semana**
9. **História de como você começou nessa área**
10. **História de sucesso que o inspire**

Anote a seguir os insights e seu planejamento a partir do ciclo 1.

____

____

____

____

____

____

Ciclo 2

Tempo: quinze dias.

Tarefa: crie oito posts para o feed e faça stories diariamente.

Aqui o seu objetivo é gerar conexão com o ecossistema do seu público-alvo. Essa conexão o ajudará a penetrar melhor o seu nicho e se posicionar de acordo com seus objetivos. Como sugestão de conteúdo, confira os insights a seguir:

1. Vitória profissional
2. Processo específico da sua empresa
3. Takes de atendimentos ou reuniões
4. Família
5. O que faz o seu dia ser mais produtivo
6. Feedback de algum cliente
7. Curiosidade sobre você
8. Seu negócio e quem está por trás dele
9. Três grandes erros do seu nicho

10. Bastidores do seu trabalho

11. Livro que mudou a sua vida profissional

12. Antes e depois de um cliente

Anote a seguir os insights e seu planejamento a partir do ciclo 2.

____
____
____
____
____
____
____
____

Ciclo 3

Tempo: quinze dias.

Tarefa: crie oito posts para o feed e faça stories diariamente.

Aqui seu foco é mostrar a sua trajetória, o seu conteúdo e os seus resultados. O objetivo é comprovar que você é autoridade, e que o seu público pode – e deve – confiar em você e no que você faz/apresenta. Como sugestão de conteúdo, confira os insights a seguir:

1. Podcast que ouviu

2. Diferenciais do seu serviço ou produto

3. Depoimento de um cliente

4. Ensine algo (algum processo interessante para a audiência)

5. Preparativos para uma viagem

6. Como escolheu o nome da sua marca

7. Curiosidade sobre a empresa

8. Dúvida frequente do serviço que você oferece

9. Frase inspiradora

10. O que influenciou a seguir essa profissão

Anote a seguir os insights e o planejamento que você fará a partir do ciclo 3.

____

____

____

____

____

____

____

Ciclo 4

Tempo: quinze dias.

Tarefa: crie oito posts para o feed e faça stories diariamente.

Agora que o seu público já conhece um pouco mais sobre você e sobre o seu trabalho, o objetivo é mostrar provas sociais de que você é autoridade na área em que atua, promovendo admiração e desejo, sentimentos fundamentais para que sua audiência confie e esteja ao seu lado, independentemente do que aconteça.

1. Como você gerencia o seu tempo

2. Checklist diário

3. Notícias relacionadas ao seu trabalho
4. Backstage do atendimento de parceiros ou clientes
5. Case de sucesso
6. O que o motiva como empreendedor/empregado
7. Bastidores do seu dia a dia
8. O que o desafia profissionalmente
9. Produto que facilita a sua vida
10. Hobbies, curiosidades ou aplicativos que têm sido úteis

Anote a seguir os insights e seu planejamento a partir do ciclo 4.

____
____
____
____
____
____
____

Não deixe de colocar em prática o que viu nesse exercício. Deixe a insegurança de lado e pense nessas sugestões de conteúdo para se fazer presente no feed e nos stories. São conteúdos que ajudarão a se posicionar nas redes e no seu nicho. E não esqueça: o algoritmo é poderoso, e quanto maior é a interação, maior será a sua entrega. Então é importante que você cuide desse detalhe para que sua audiência continue recebendo o conteúdo que você produz.

Para melhorar esse engajamento, abra enquetes, caixinhas de pergunta e ícones que promovem interação. Tudo nesse universo é válido para que o seu conteúdo seja mais relevante na plataforma.

A fim de facilitar a nova fase do seu perfil, preparei muitas outras sugestões de conteúdo para postar e promover a sua marca pessoal. Aponte a câmera do seu celular para o QR code ou utilize o link para acessá-lo:

Quero encerrar este momento lembrando que cuidar da comunicação on-line é um passo fundamental para alavancar a sua marca pessoal, e saber disso fará toda a diferença. No trabalho individual com meus clientes, é na comunicação on-line que temos um processo que muda completamente o jogo, pois não é mais possível separar completamente a vida pessoal e profissional das redes sociais e do digital. Por isso, cuide de cada detalhe.

E assim fechamos o último capítulo da metodologia, e espero que você já esteja aplicando tudo o que aprendeu até aqui. Na próxima etapa, explico como o método é poderoso e por qual motivo você não pode deixar de colocá-lo em prática.

CAPÍTULO 12

SUCESSO É ESCOLHA

Agora que você já tem todos os passos do método e sabe exatamente o que precisa ser feito para estruturar e alavancar a sua marca pessoal, quero contar sobre uma parte bem importante da minha história. Entre os altos e baixos da vida, passei por um momento muito difícil, e sinto que compartilhá-lo pode ajudar você a não desistir, independentemente do que aconteça.

Se você me segue no Instagram (@biancaladeia) ou se for olhar agora o meu perfil, provavelmente não vai imaginar que, muitos anos atrás, tive uma dívida de 100 mil reais em um banco, em uma época e circunstância que 100 mil parecia uma fortuna impossível de pagar. Caso queira dar boas risadas, sugiro que assista o meu episódio do quadro Perrengue Business no G4 Educação, com a Tay Dantas. Para acessar, basta apontar a câmera do seu celular para o QR code a seguir ou colocar o link em seu navegador.

Nesse bate-papo, contei um pouco sobre o início da minha carreira. Depois de terminar a faculdade de Moda e ir para a Europa fazer as especializações, chegou o momento de retornar para o país e estruturar a minha carreira por aqui. Para essa viagem, gastei absolutamente todo o dinheiro que eu tinha (e ainda trabalhei na Europa para arcar com as despesas). Sendo assim, voltei para o Brasil completamente quebrada, sem nada no bolso.

Chegando aqui, já tinha uma boa ideia do caminho que gostaria de seguir, com um escritório de imagem e prestando consultoria como estilista para algumas marcas. Para isso, precisaria de um espaço para receber as pessoas. Aluguei uma sala e, logo depois, percebi que era um lugar horrível, porque tinha um cheiro de esgoto muito forte.

Não me deixei abalar e pensei: *Bom, pelo menos tenho um endereço comercial, então vou fazer atendimentos em domicílio e usar isso como diferencial e personalização com meus clientes.* Precisava de uma secretária, e criei a Camila, uma pessoa imaginária, pois era eu mesma que estava nos bastidores fazendo atendimentos, respondendo a e-mails etc. A Camila ficou comigo por mais ou menos seis meses, até que ela recebeu uma reclamação de um cliente, e percebi que não tinha mais como seguir assim.

Na época, eu estava com o escritório de imagem e trabalhava também como estilista para algumas marcas, então era tudo muito difícil e corrido. E com essa reclamação que a Camila recebeu, tive certeza de que eu precisava mudar o jogo.

Foi então que decidi pegar um empréstimo no banco, de aproximadamente 100 mil reais, para montar uma estratégia, conseguir caixa e ter uma sala melhor, uma secretária e alavancar a minha carreira. Comprei algumas roupas, e minha ideia era fazer um lançamento da marca Bianca Ladeia no mundo da moda. Deu certo? Não. Foi um caos! Nesse momento, tive uma das minhas primeiras lições profissionais: *engajamento não é autoridade*. Percebeu como isso esteve no pano de fundo ao longo do livro todo? Pois é.

Para completar, na mesma época decidi encerrar o contrato com um dos meus maiores clientes, que representava aproximadamente 80% do meu salário, porque era um trabalho de que eu não gostava. Fiquei, então, com uma dívida de 100 mil reais no banco (que hoje representa muito mais do que esse valor), um escritório no qual não podia receber clientes, um buraco de 80% do meu salário em faturamento e um quarto cheio de roupas que não serviam para nada.

Se está imaginando que eu fiquei desesperada, quero que vá um pouco além: eu fiquei muito desesperada, e preocupada. Nesse momento, aprendi também que o sucesso não acontece de uma hora para outra. E sabe por que estou contando tudo isso? Porque quero que você olhe para a minha jornada e saiba que, caso esteja em uma situação difícil, você não está sozinho. Pense que, a partir do método que acabou de ver, você tem os passos principais para dar a volta por cima e reestruturar a sua vida, assim como eu fiz.

Com coragem, determinação, estratégia e intencionalidade, eu consegui. Você já percebeu que falo o que é preciso e que, em determinados momentos, o que precisamos ouvir não é fácil. É dolorido e exige atenção. Quando aconteceu tudo isso comigo, acordei, olhei para a quantidade de contas que eu tinha, para tudo o que queria construir, e decidi não desistir. Conforme as contas vão chegando, todos os dias vou encontrando motivação. E isso

Tudo o que fazemos sem intencionalidade e estratégia nos traz prejuízo.

Com intencionalidade e estratégia, temos resultados.
Simples assim.

@biancaladeia

acontece também porque tenho certeza de que estou construindo o meu império e tudo aquilo com que eu sempre sonhei.

Para sair do perrengue, procurei algumas lojas para fazer parceria, promovendo eventos para atrair clientes, e fui estruturando o meu ecossistema, construindo o método que você conheceu neste livro. Consegui pagar a minha dívida em aproximadamente dois anos e não tenho vergonha nenhuma de contar essa história e falar sobre como eu realinhei as coisas.

Tudo o que fazemos sem intencionalidade e estratégia nos traz prejuízo. Com intencionalidade e estratégia, temos resultados. Simples assim. Use todo o conteúdo que aprendeu aqui para não passar pelo que passei. Ou para sair de alguma situação ruim em que possa estar.

Vimos aqui que o visual é importante porque é a porta de entrada para a atratividade e é o que gera boas primeiras impressões. Depois, falamos de comportamento, postura e oratória, ou seja, tudo o que podemos mudar em nós mesmos para mostrar ao mundo que somos bons e competentes. Time e ambiente físico chegaram para você entender que as pessoas que estão ao seu lado e o seu local de trabalho precisam ser extensões da sua marca. E comunicação off-line e on-line terminaram mostrando que você precisa ter um networking verdadeiro para se projetar no digital.

Você já tem todos os passos, exercícios importantíssimos e uma meta estruturada. Se ainda não começou, o que está esperando?

Montoya Peter e Tim Vandehey, no livro *A marca chamada você*,[38] falam que se destacar é fugir do convencional e dedicar-se aos seus diferenciais.

---

38. PETER, M; VANDEHEY, T. **A marca chamada você**: crie uma marca pessoal de destaque e expanda seus negócios. São Paulo: DVS, 2010.

> O pensamento convencional diz que quando você está numa situação competitiva, deve copiar o que o outro indivíduo está fazendo, apenas tentando fazê-lo melhor. Não contrarie as intuições ou se destaque, pois você pode alienar alguém, em algum lugar. Encaixe-se no padrão dos outros. [...] O pensamento convencional é surpreendentemente imbecil. Eu diria até que segui-lo é a melhor maneira de ser jogado para escanteio. [Para se destacar é preciso] criar uma marca pessoal dominante e irresistível.

Não poderia concordar mais com a posição desses autores – e ouso dizer que você sabe exatamente os passos necessários para ter essa marca pessoal dominante e irresistível e conseguir os resultados que projetou no início da nossa jornada. Inclusive, recomendo muito a leitura desse livro, que fez parte da minha carreira e é um ótimo material complementar para tudo o que vimos até agora.

Para fecharmos este capítulo, quero compartilhar a história de uma cliente. Ela fez parte da minha primeira turma da Imersão em Imagem e, em um ano e dez meses, o faturamento dela aumentou dezesseis vezes, usando o método que está aqui neste livro. Calma, você não leu errado. Foi exatamente isso! Ela aumentou o faturamento em dezesseis vezes a partir de uma marca pessoal poderosa.

A cliente mora no Sul do país, é uma excelente profissional, muito dedicada, e colocou em prática absolutamente tudo o que aprendeu comigo. Na época, já tinha uma empresa na cidade em que morava, mas não se destacava.

Com as mudanças que fez na marca pessoal a partir do método, as pessoas começaram a ver o valor que ela tinha, o valor do serviço que ela oferecia. Ela se posicionou e usou a reputação e a influência a seu favor. E, assim, os projetos da empresa dela saíram de 5 mil reais para 80 mil reais.

O sucesso é uma escolha diária, por isso precisamos fazer o que precisa ser feito, não desistir e sempre avançar.

Quando conversamos há algum tempo, ela me contou que os clientes entram em contato e estão dispostos a fazer um investimento alto no trabalho dela porque confiam e sabem que ela vende algo que vale essa quantia. O trabalho dela virou um selo de qualidade.

Isso é uma marca pessoal poderosa. Isso é se posicionar, estruturar a autoridade para alavancar o seu negócio ou a sua carreira. E é exatamente isso que eu quero que você faça. Não precisa de mais nada a não ser colocar o que vimos aqui em prática.

O sucesso é uma escolha diária, por isso precisamos fazer o que precisa ser feito, não desistir e sempre avançar. Não estou prometendo que será fácil – vide a minha história no começo do capítulo –, mas com certeza será recompensador!

CAPÍTULO 13

NÃO GANHA O MELHOR, GANHA O MAIS CONHECIDO!

Desde criança, nunca gostei de ser igual aos outros. Sempre soube que precisava me destacar, estar acima da média. E mais: pela minha história, sempre tive que correr atrás dos meus sonhos e fazer acontecer. Nunca existiu outra opção. Se desse errado, precisava pensar em um plano B. Se o plano B desse errado, um plano C. E assim por diante. Quero que você termine este livro sabendo disto: é preciso correr atrás dos seus objetivos, independentemente da sua posição e de como você se encontra agora.

Para que as coisas deem certo, é preciso estar disposto e correr atrás. Não é fácil e não acontece da noite para o dia. É preciso querer de verdade ter sucesso para que isso aconteça. Até porque, caso ninguém tenha dito isso para você até hoje, serei a primeira a abordar o assunto, com o maior prazer: o sucesso é muito caro! E não estou falando só financeiramente, mas também em termos de saúde mental, tempo, energia e dedicação. Ele atrai e afasta pessoas. Cobra um preço alto. E a grande verdade é que só pagamos o preço das coisas se realmente soubermos o que é importante para nós mesmos. Poderoso e difícil, não é? Mas é a verdade!

Contudo, existe o lado bom também: você vai construir tudo aquilo com que sempre sonhou. O seu império. Deixar o seu legado, ter uma condição melhor de vida, proporcionar isso aos seus filhos ou outros parentes. Você constrói uma história diferente a partir do sucesso, você se destaca.

É preciso querer de verdade ter sucesso para que isso aconteça.

Então se você, assim como eu, nunca quis ter uma vida mediana e sempre soube que precisava se destacar e ter sucesso para atingir seus objetivos, saiba que estamos juntos, lado a lado. Você merece ter sucesso, e a sua marca pessoal é o meio poderoso para que atingir esse objetivo.

Sendo assim, espero que você tenha aproveitado tanto essa jornada quanto eu aproveitei ao escrever cada página. Sei que foi difícil, que tivemos conversas dolorosas e estou muito orgulhosa por você estar aqui, nos nossos últimos momentos juntos deste projeto. Mas saiba que você tem todas as ferramentas para colocar em prática.

Eu me dediquei ao máximo para que você soubesse tudo o que é preciso para alavancar a sua marca pessoal, para traçar um objetivo e seguir em direção a ele até alcançar essa meta. Afinal, quando temos um objetivo, fica muito mais fácil traçar um plano para chegar lá. O primeiro passo para conseguir algo é querer fazer acontecer – com estratégia e intencionalidade, sempre.

E vou além: caso você sinta que existem pessoas alinhadas com essa mesma ideia, não deixe de presenteá-las com este livro. Podemos criar uma comunidade que almeja melhorar a marca pessoal e elevarmos a régua da sociedade. Esse é o meu objetivo de vida, não apenas como autora.

Por fim, caso tenha gostado de tudo o que viu aqui e queira também estar comigo nas redes sociais para receber mais conteúdos maravilhosos sobre marca pessoal, não deixe de me procurar no Instagram @biancaladeia e no site da Imersão em Imagem: https://www.imersaoemimagem.com.br/.

Para fecharmos este momento, lembre-se sempre de que não ganha o melhor, ganha o mais conhecido. Uma marca pessoal bem-estruturada e que eleva o nível dos negócios é o que nos faz ter uma reputação melhor e evoluir para atingir os nossos objetivos. E você tem nas mãos tudo de que precisa, então não deixe para depois o que precisa ser feito agora!

Obrigada por ter me acompanhado nessa jornada, e espero ver você se destacando em seu nicho para construir tudo o que sempre sonhou, e também ajudar outras pessoas a realizarem os próprios planos.

A construção do seu império grandioso começa agora: a sua marca pessoal é o seu ativo mais valioso.

Abraços,
Bianca Ladeia